Los Mayas

Historia, Arte y Cultura

POR LA SUPERACIÓN DEL SER HUMANO Y SUS INSTITUCIONES

Nelly Gutiérrez Solana

Los Mayas

Historia, Arte y Cultura

PANORAMA EDITORIAL

LOS MAYAS HISTORIA, ARTE Y
CULTURA

Derechos Reservados

Dibujos:
Heraclio Ramírez

Fotografías:
Irmgard Groth
Walter Reuter
I.N.A.H.

Primera edición: 1991
Decimasexta reimpresión: 2008
© Panorama Editorial, S.A. de C.V.
   Manuel Ma. Contreras 45-B
   Col. San Rafael 06470 - México, D.F.

Tels.: 55-35-93-48 • 55-92-20-19
Fax: 55-35-92-02 • 55-35-12-17
e-mail: panorama@iserve.net.mx
http://www.panoramaed.com.mx

Printed in Mexico
Impreso en México
ISBN 968-38-0272-9

Indice

Introducción

Estamos en un momento crucial del estudio de la cultura maya. Se ha descifrado, en gran parte, la escritura usada por los mayas, y podemos saber con exactitud las fechas de los hechos sucedidos y los personajes que intervinieron en ellos. Pasamos del conocimiento puramente arqueológico, al campo de la historia. Los mayas tomaron ya su lugar en la historia universal, junto con los egipcios, asirios, chinos y demás pueblos que dejaron también constancia escrita de sus dinastías, batallas, conquistas y otros acontecimientos importantes. Nuestros conocimientos permiten reconstruir, con bastante certeza, su modo de vivir y pensar. Por ello, me he permitido hacer visitas imaginarias a Palenque y Bonampak cuando estaban en sus momentos culminantes, durante el periodo Clásico Tardío (600-900 d.C.), para que el lector tenga una idea de cómo vivían y qué sucedía en esos tiempos. Presenciaremos también un juego de pelota en Chichén-Itzá, durante el Posclásico Temprano (900-1200 d.C.), y visitaremos Tulum en el ocaso de la civilización maya, ya en el Posclásico Tardío (1200-1540 d.C.).

Los mayas tuvieron un talento especial para crear obras de arte. La belleza de las ruinas mayas, impresiona hondamente al visitante. El que ha estado temporalmente en Palenque, Uxmal o Chichén-Itzá, se lleva un recuerdo imborrable. Todo se une para lograr esa particular impresión: los grandiosos edificios y plazas, los relieves tallados con esmero y, en los casos en que se conservan las pinturas −como en Bonampak−, el dominio de la línea, forma y el color.

Por medio del arte, nos acercamos no sólo a los antiguos mayas, sino también a aquellos que viven actualmente y conservan en muchos casos el idioma y las costumbres heredados por siglos.

Es un pueblo orgulloso de su pasado, y con justificada razón, pues sus ancestros crearon una cultura singular.[1]

---

[1] Agradezco al doctor Hasso Von Winning, sus valiosos comentarios en la realización de este libro y, a la licenciada Evelyn Arizpe, la revisión de partes del texto.

El país del quetzal; el del jaguar y el del venado

Los mayas ocuparon un vasto territorio que comprende la península de Yucatán, algunas partes de Chiapas y Tabasco, Guatemala, Belice y las regiones occidentales de Honduras y El Salvador. Este territorio puede dividirse en tres zonas —norte, central y sur— diferentes entre sí en cuanto a su topografía y clima; estos factores entre otros, influyeron en el desarrollo de los rasgos culturales.

La zona sur comprende las tierras altas de Chiapas y de Guatemala, que son templadas y frías, así como la faja costeña del Pacífico. En esta zona encontramos cordilleras de origen volcánico y amplios valles. El panorama es agradable, formado de pinos y cipreses en las serranías, además de varios lagos. El pájaro quetzal, cuyas plumas verdes irisadas eran sumamente apreciadas en los tiempos antiguos, vive casi exclusivamente en estas tierras altas. La zona sur floreció en el periodo Preclásico Tardío (300 a.C. a 250 d.C.). Después, sus habitantes recibieron influencias del altiplano mexicano y de la región del Golfo de México y siguieron, en su evolución, un curso diferente al de las otras dos zonas.

En la zona central, que incluye el Petén en el norte de Guatemala y las cuencas de los ríos Usumacinta y Grijalva, no hay montañas altas, pues las elevaciones de las tierras no exceden de los 600 m sobre el nivel del mar. A esta zona la cruzan ríos caudalosos, como el de la Pasión, el Lacantún y Chixoy, que desembocan en el Usumacinta. Es una zona de fuerte precipitación pluvial, con lagos y pantanos. Su clima es caluroso y húmedo. Al visitante de esta zona, lo que más le impresiona es la selva, con árboles gigantescos, como caobas, cedros, ceibas y zapotes. Es una vegetación exuberante, con lianas y plantas aéreas. Este es el hábitat del jaguar, animal temido y, a la vez, reverenciado, cuya piel formaba parte del atavío espléndido de los reyes y nobles.

El contraste entre la selva y vegetación de la zona norte, es decir, de la península de Yucatán es muy notorio, pues en vez de los árboles gigantescos, se encuentra una vegetación baja y densa, tipo chaparral, donde abunda el venado. La razón de este cambio, se debe a que el clima es mucho más seco y a que la capa de tierra vegetal, es muy delgada. Si viajamos en avión desde el Petén, en Guatemala, hacia Yucatán, nos daremos cuenta que el paso de la selva tropical a la vegetación baja, es gradual y no hay una clara demarcación entre las zonas central y norte.

La parte septentrional de la península de Yucatán, es una extensa y baja planicie calcárea que ha ido surgiendo lentamente del mar por fenómenos geológicos. La única elevación es la serranía del Puuc, con colinas y cerros que no sobrepasan los 100 m de altura sobre el nivel del mar. Los asentamientos humanos se encuentran, por necesidad, cerca de los cenotes, pues no hay ríos en la superficie debido a la porosidad de la piedra calcárea componente del subsuelo. El agua de las lluvias se filtra, formando ríos subterráneos que han configurado cuevas cuyas bóvedas pueden desplomarse y que, al quedar al descubierto, dan lugar a los cenotes.

En las zonas central y norte, la cultura maya llegó a su culminación. En la primera zona, el apogeo termina en el año 900 d.C. y, en la segunda, se continuó hasta el final del Posclásico Temprano en el 1200 d.C.

Los primeros pasos
hacia la grandeza maya

Es emocionante poder descubrir, uno a uno, los logros que llevaron a los mayas a crear su gran civilización. Esto se puede hacer ahora gracias a excavaciones y estudios efectuados en las últimas cinco décadas. Son especialmente importantes los hallazgos recientes en tres centros de Belice —Cerros, Lamanai y Cuello— y en la gran ciudad de El Mirador, perdida en la selva del Petén guatemalteco. Esos cuatro centros tuvieron un desarrollo temprano, pues se han considerado dentro del Preclásico Tardío, de los años 150 a.C. a 150 d.C. Los logros principales, fueron en la arquitectura y escultura y, dentro del área de conocimientos, en la escritura, las matemáticas, y en el calendario.

Veamos primero las innovaciones arquitectónicas. En la planificación de las ciudades, se hicieron grandes adelantos; por ejemplo, se construyeron múltiples pirámides en El Mirador, algunas de gran altura, alrededor de plazas. Tanto en este sitio, como en Cerros, Lamanai, Uaxactún y Tikal, se modelaron grandes mascarones en los cuerpos piramidales; estos mascarones estaban hechos generalmente de estuco sobre armazones de piedra, y representaban rostros humanos muy estilizados con algunos rasgos zoomorfos. En Cerros, se han hallado mascarones de este tipo, dos de ellos con el signo solar, por lo que se piensa que representan al Dios del Sol. Es posible que los otros dos estén vinculados con Venus como la Estrella de la Mañana y la Estrella de la Tarde. Se cree que esos mascarones del Preclásico Tardío, muestran ya elementos que serán después característicos de las insignias de los reyes. Entre estos elementos, pueden mencionarse las grandes orejeras con

Una de las creaciones logradas por los mayas en arquitectura fue la bóveda maya, que se construía en diferentes estilos.

adornos anudados y garras de jaguar. Además los mascarones aparecen relacionados con serpientes bicéfalas, símbolos del cielo.[2]

·Un rasgo característico de los basamentos piramidales de esos centros ceremoniales, es la moldura basal; una ancha moldura que se halla en las partes inferiores de cada uno de los cuerpos piramidales y a la cual se le conoce también como moldura 'en delantal'.

La llamada bóveda maya, típica de las construcciones del periodo Clásico, se encuentra sólo en esta época tan temprana en Tikal y Uaxactún, donde se empezó a usar en las tumbas construidas al principio de nuestra era. La bóveda maya, es un invento ingenioso que consiste en hacer sobresalir las

[2]   Schele y Miller, 1986.

hileras de piedras de dos muros opuestos, hasta que el espacio restante se reduce lo suficiente como para cubrirse con una sola hilera de losas de piedra.

Ya vistas las innovaciones arquitectónicas, se tratará ahora acerca de las novedades en la escultura. Tanto en la faja costeña del Pacífico, como en las tierras altas correspondientes a la zona sur de la región maya, se empezaron a labrar estelas en el Preclásico Tardío, siendo éstas monumentos de piedra con relieves, erigidos para conmemorar eventos sobresalientes. Uno de los lugares donde las estelas son particularmente importantes es Izapa, en la costa de Chiapas, que floreció de 300 a.C. a 250 d.C. Los motivos labrados en las estelas izapeñas, son muy variados, pero se relacionan, en su mayor parte, con seres míticos, algunos de ellos seres alados que descienden del cielo. Varios de los conceptos religiosos que tenían los habitantes de la región izapeña, se adoptaron por los mayas de la zona central, como son la idea de la Tierra en forma de cocodrilo y el árbol como eje sagrado del Cosmos. Los llamados altares zoomorfos de este sitio, esculpidos a semejanza de sapos, pudieron servir como tronos, y es otro elemento escultórico que va a pasar a la tradición clásica maya, aunque con modificaciones, ya que sus funciones son diferentes.

Otro centro ceremonial con estelas, es Kaminaljuyú, en las afueras de la ciudad de Guatemala. Lo que llama la atención de las estelas de este centro, es la perfección de su labrado, así como la complejidad de los atavíos de los personajes que aparecen en ellas, y de los símbolos asociados a aquéllos.

Es importante hacer notar que en Kaminaljuyú, al igual que en otros lugares de esta zona sur, las estelas o monumentos empiezan a registrar sucesos con fechas dadas en la cuenta larga o serie inicial, sistema que permitía situar en el tiempo y, con gran exactitud, los eventos históricos. La fecha más antigua, encontrada hasta ese momento, dentro de este sistema, la de 38 años a.C., está inscrita en la estela 2 de Abaj Takalik, sitio localizado en la faja costeña del Pacífico. Junto con estas inscripciones calendáricas, empiezan a agregarse textos con glifos que, a pesar de que no se han podido descifrar por completo, son el antecedente del sistema de escritura difundido por toda el área maya para el periodo Clásico.

Resumiendo: al iniciarse el apogeo de la cultura maya, existen dos tradiciones que convergen para formar las bases de la misma. Por un lado la tradición arquitectónica de las tierras bajas con su énfasis en una arquitectura pública monumental, con grandes mascarones y, por el otro, la tradición venida de la zona sur con el 'culto' a las estelas labradas en relieve, y con fechas y textos relacionados con la historia de los gobernantes.

Retrocedamos, a través del tiempo, hasta las vetustas ciudades de Palenque y Bonampak, a fin de conocerlas en sus momentos culminantes

El periodo Clásico Tardío (600-900 d.C.), fue el periodo de máximo desarrollo de las ciudades mayas de la zona central; visitaremos dos de las más famosas: Palenque en la parte norte de Chiapas, y Bonampak en la parte noreste del mismo estado.

Palenque tuvo un gran florecimiento bajo el gobierno del rey llamado Escudo Jaguar, a finales del siglo VII. Durante años, antes de su muerte, encargó que se le construyera una suntuosa cámara funeraria, para que descansaran ahí sus restos. Encima de la misma se construirían una pirámide y un templo. Todo se planeó cuidadosamente por el monarca, sus consejeros y los sacerdotes. Aun los mejores escultores, labraron una losa monumental que cubriría al sarcófago con un simbolismo de importancia fundamental. Dicho simbolismo se refiere a la muerte del jerarca, pero así mismo, a la creencia que su espíritu regresaría del inframundo para tomar su lugar, junto con sus ancestros, en el nivel celestial.

La lápida se enmarcó con signos relacionados con los cuerpos celestes y los rumbos del mundo, para darle una dimensión cósmica al fallecimiento y al paso del rey a su nueva vida. A éste, se le representó en el momento en que dejaba la existencia terrestre para pasar al reino de los Dioses de la Muerte y, por tal motivo, aparece cayendo dentro de las fauces de un monstruo infernal. Pero, a fin de enfatizar que éste no sería el destino final del ilustre gobernante, se incluyeron símbolos de la vida como el árbol sagrado, que parece surgir del cuerpo del rey. Este árbol sagrado tiene las raíces en el inframundo, el tronco en esta vida y las ramas en el cielo, por lo que lo corona un pájaro celeste.

En vida de Escudo Jaguar, se había empezado a construir el basamento piramidal sobre la tumba, pero la muerte lo sorprendió antes que se hubiera terminado.

Al fallecer el rey, la ciudad se había vuelto triste y silenciosa, pues éste logró, en unos cuantos años, hacer de Palenque un centro de gran importancia que dominaba la llanura tabasqueña y los pueblos vecinos; su cadáver se condujo, en una litera, hasta su tumba, seguido de una procesión encabezada por los sacerdotes y nobles. Todo estaba listo en la cámara funeraria: el sarcófago labrado a los lados con los ancestros del rey y el glifoemblema de Palenque, además de la gran losa que lo cubriría.

El monarca llevaba a su descanso final, sus mejores joyas hechas del material más preciado, el jade: su diadema, orejeras, numerosos collares de cuentas, pectoral, pulseras y un anillo en cada dedo, además de gruesas cuentas de jade en cada mano y la boca. Su rostro se cubrió con una máscara, también de jade. Para mayor protección en su viaje al otro mundo, se colocó una figura del dios solar. Como era costumbre, se usó pigmento rojo de cinabrio, para pintar el fondo del sarcófago y así mismo el sudario con que se envolvió el cuerpo de Escudo Jaguar. En ese viaje al otro mundo, necesitaría de comida y bebida, mismas que se depositaron en platos y vasos, cerca del sarcófago. Afligidos por la pena, sus familiares quisieron dejar un recuerdo más y arrancaron esculturas de hermosas cabezas humanas, que decoraban los lados del palacio, dejándolas sobre el piso de la cripta. El rey descansaría ahí por siglos, bajo la protección de nueve personajes modelados en estuco, sobre las paredes de la cámara funeraria; personajes que representaban a los dioses del inframundo.

Una vez sellada la cripta, se sacrifican a varios jóvenes, cuyos restos se amontonan detrás de la entrada para que sirvan de guardianes o acompañantes.

Cuando ascendió al trono el nuevo rey Serpiente Jaguar el 10 de febrero del año 684, hubo grandes ceremonias y festejos. Aquél se encargará de terminar la pirámide y el templo erigidos sobre la tumba de su padre. Al subir por los escalones, dirige la vista sobre su deslumbrante ciudad que se destaca sobre el verdor de la selva. Frente a Serpiente Jaguar, se encuentra el conjunto del Palacio, que los albañiles están por terminar. Una vez construidos los núcleos de los muros con piedra y argamasa, forran los exteriores de las paredes con piedras calizas cortadas cuidadosamente. Después las cubrirán con yeso. Por su parte, los escultores trabajan tenazmente, pues deben llenar casi todas las paredes con relieves de estuco: basamentos, pilares, frisos y hasta las cresterías que coronan los techos. El proceso es laborioso, ya que se modelan primero los cuerpos de las figuras humanas, y después se agregan, capa a capa, los innumerables detalles del vestuario y de los adornos. El estuco o yeso se seca rápidamente, pero los artesanos añaden extractos de las cortezas de ciertos árboles para hacerlo más maleable. En el interior de los cuartos, los pintores se dan a la tarea de adornar las paredes con escenas en vivos colores.

En el Palacio, residirá la familia real en varias galerías dispuestas alrededor de cuatro patios. De esa manera, no sólo habrá lugar para la residencia particular, sino también para que el monarca reciba a los visitantes de otras ciudades que vienen a ofrecerle pactos de amistad, o tributos si están ya bajo el dominio de los palencanos. Dentro del Palacio, el jerarca y sus consejeros nobles, planearán cómo pueden engrandecer más el poderío de Palenque y a qué regiones deberán mandar a sus embajadores y comerciantes.

Desde la pirámide, Serpiente Jaguar observa las otras obras terminadas ya o casi por terminar, como la cancha para el juego de pelota y otros basamentos piramidales con sus templos. Se admira así mismo del ingenioso acueducto planeado por los ingenieros, mismo que permite traer agua pura de manantial para las necesidades del centro ceremonial, y que evita, además, inundaciones y daños al Palacio. El acueducto, no obstaculiza el tránsito de una a otra parte de la ciudad gracias a sus secciones subterráneas. Un equipo de hombres tiene como tarea cotidiana limpiar la ciudad y detener sobre todo la vegetación selvática que amenaza constantemente con invadir las plazas y los edificios. Otros trabajadores talan árboles que servirán de vigas a los techos y servirán también para obtener combustible para cocinar y preparar la cal usada en las construcciones.

La defensa de la ciudad, es una preocupación constante para el jerarca y sus consejeros. Con objeto de vigilar la llanura dominada por Palenque, se construye una torre en uno de los patios del Palacio. Además de servir como torre de vigía, permitirá a los sacerdotes astrónomos observar el paso de los astros.

Tablero del Palacio. Palenque, Chiapas. En un elaborado relieve en piedra, un señor principal maya recibe ofrendas de otros dos personajes. A los lados del personaje central y en la parte inferior del tablero hay glifos calendáricos; sus fechas corresponden entre los años 644 y 720 d.C.

Serpiente Jaguar, se siente tan orgulloso de sus antepasados y de ser monarca, que ha ordenado la construcción de tres templos para conmemorar su ascenso al trono. Dentro de los templos, se colocarán tres grandes tableros de piedra para la glorificación de él y su extinto padre. Los más famosos escultores han empezado ya a trabajar en esos tableros.

Estos tienen una composición similar: al centro un objeto de culto y a los lados Serpiente Jaguar y su señor padre, el difunto rey Escudo Jaguar. Acompañan a esta escena, textos glíficos explicativos de los representado. El monarca escogió ya cuáles serán esos objetos: el Sol, en su manifestación del dios jaguar de las tinieblas, el árbol sagrado, eje del mundo, y la planta del maíz. En los tres casos, el mensaje es similar: el origen divino del rey, la celebración de su ascenso al trono , y la historia de sus ancestros.

El simbolismo de estos tableros interiores, se complementará con otros exteriores dispuestos a los lados de las entradas a los santuarios. Así, en los tableros interiores, Serpiente Jaguar aparece con un vestuario sencillo y un mínimo de adornos, en tanto que en los exteriores, llevará el atavío sagrado de los reyes y portará el cetro real. De esta manera, representará todo el conjunto la transformación del heredero en gobernante supremo.

Mientras el monarca se entretiene con los escultores, la ciudad sigue su curso normal de actividades. Cerca del centro ceremonial, está el mercado al que llegan cientos de vendedores y compradores. Ahí, se ofrecen diferentes productos agrícolas como maíz, frijoles, chiles, tomates y calabazas. En otros puestos se venden sal, miel, guajolotes, así como productos de caza, como la carne de venado y otros animales. Algunos mercaderes, ofrecen finos textiles de algodón y canastas tejidas. Hay así mismo vendedores de hierbas medicinales, copal, incensarios y otros artículos sagrados. De lugares lejanos, se han traído metates, hechos de piedras volcánicas, navajas de obsidiana y, para los nobles, jade y preciosas vasijas pintadas.

Temprano, por la mañana, salieron los comerciantes que se dirigen a tierras distantes con su carga de pieles de jaguar, miel y maderas preciosas. A su vez, traerán materiales que los artesanos se encargarán de transformar en bellos ornamentos para la clase privilegiada. Llevan con ellos a los cargadores, acostumbrados a echarse sobre las espaldas los pesados objetos producto del comercio, pues no hay animales de carga.

En otra parte de la ciudad, se encuentran los talleres de los diferentes artífices; los alfareros que dan forma a los platos, vasos y otras vasijas, que después hornearán; los joyeros que trabajan el jade, la concha, el nácar y la obsidiana. En otro taller, los especialistas en el modelado del estuco elaboran con este material, desde textos glíficos, hasta esculturas de cabezas humanas. El jerarca les ha encargado que modelen su efigie, misma que representará fielmente sus facciones: su nariz de gran tamaño y labio inferior ligeramente colgante. Los escultores, una vez listo el armazón de piedra, lo cubrirán con estuco, para darle forma a la cabeza. Con notable pericia, lograrán reproducir el aspecto de gran dignidad que caracteriza a este poderoso gobernante; tan pronto como terminen de modelar la efigie, procederán a pintarla para darle una apariencia más real.

Por su parte, los escribas vigilarán cuidadosamente los glifos modelados en estuco o tallados en piedra, y prepararán los textos que se copiarán subsecuentemente.

Como no es día de fiesta en Palenque, los sacerdotes llevan a cabo únicamente sus tareas cotidianas. Han rezado a los dioses y quemado copal en los templos. En unos cuantos días, se empezarán a preparar para una ceremonia dedicada al Dios Solar, lo que para ellos significará ayunos y penitencias especiales; se mutilarán la lengua y otras partes del cuerpo, para ofrecer la sangre al dios.

Algunos de los sacerdotes tienen a su cargo instruir a los hijos del rey y de los nobles, en un aposento cercano al templo. Los estudios, se centran en las creencias religiosas, el calendario y la escritura. A los que muestran verdadero interés y afición por estos estudios, se les enseñarán los complicados cálculos matemáticos, indispensables para el cómputo del tiempo. Además, aprenderán a conocer el movimiento de los astros del firmamento, para que algún día puedan predecir los eclipses de Sol y Luna. Los alumnos que tienen aptitud para el dibujo, aprenderán, en el transcurso de muchos años, a ilustrar los manuscritos o códices.

En las afueras de la ciudad, lejos de la mirada del monarca y de los nobles, se encuentran las chozas de los campesinos, construidas con paredes de palos entrelazados y techos de palmas.

Muy de mañana, los hombres salieron a sus tareas del campo y llevaron con ellos a sus hijos mayores para que les ayuden y aprendan a la vez a cuidar las plantas. Las mujeres están ocupadas, moliendo los granos de maíz en el metate, en tanto que los niños pequeños, juegan. Las hijas mayores, se entretienen en los telares de costura, pues toda la familia necesita de prendas nuevas de algodón. Ayudan también a cuidar el huerto familiar. Si les sobra tela o la cosecha es abundante, irán al mercado para conseguir, por medio del trueque, otros productos necesarios para la vida diaria.

*   *   *

Ahora, vayamos a Bonampak para ser testigos de fastuosas ceremonias y festividades, así como de batallas y sacrificios humanos. Estamos en el momento culminante de toda una serie de actos, que se inició hace casi un año; es el momento solemne en que la familia real, se autosacrifica. La razón de todos estos eventos, es la presentación del heredero al trono.

El 14 de diciembre del año 790 d.C., se reunieron los nobles de Bonampak y otras ciudades vecinas, para rendirle pleitesía al hijo del monarca *Chaan-muan*. Este y su esposa, presenciaron la ceremonia sentados sobre el trono de uno de los aposentos del Palacio. Catorce grandes señores, fueron testigos de la presentación del heredero, y para tan importante ceremonia, se cubrieron con sus hermosas capas blancas de algodón.

Pintura mural de Bonampak, Chiapas. Grupo de danzantes con tocados fantásticos que simbolizan a dioses relacionados con el agua y la Tierra.

El segundo acontecimiento, tuvo lugar 336 días después. La festividad fue aún más suntuosa, y en ella tomaron parte no sólo el rey y los nobles, sino también músicos y danzantes. *Chaan-muan* y dos de los nobles principales, se vistieron con atuendos de gran lujo que incluían adornos de pieles de jaguares y tocados gigantescos, elaborados con plumas verdes. Una vez vestidos, procedieron a bailar acompañados de músicos que tocaban trompetas, tambores, sonajas y caparazones de tortugas. A sus lados, se formó una

Pintura mural de Bonampak, Chiapas. El rey, nobles y jefes militares de alto rango se encuentran sobre prisioneros tomados después de una batalla que serán sacrificados en homenaje a los dioses.

procesión de personajes con disfraces que llamaban la atención por fantasiosos; se trataba de personificar dioses relacionados con la Tierra y el Agua. Uno lleva la cabeza de un cocodrilo, otro las tenazas de un cangrejo, otro representaba al Dios de la Tierra y algunos mostraban lirios acuáticos, además de elementos vegetales. Tomaron parte también en la procesión, nobles de menor rango llamados *cahals*. Como era costumbre, se escogió una fecha propicia, el 15 de noviembre de 791 d.C., para realizar esta fiesta, fecha en que Venus apareció como Estrella de la Tarde. La influencia de este planeta ayudaría al heredero al trono, a convertirse en gran guerrero.[3]

En agosto del año siguiente, *Chaan-muan* decidió librar una batalla para conseguir prisioneros y sacrificarlos en honor del príncipe infante. Los guerreros más valientes de Bonampak, tomaron parte en aquélla y algunos se pintaron los cuerpos de negro. Los jefes se ataviaron con grandes tocados; era sobre todo impresionante el tocado del monarca, pues consistía en una gran cabeza de jaguar, de la cual emergían dos tubos, cubiertos de pieles de éste, con un gran penacho de plumas verdes.

La batalla se llevó a cabo en la selva y, a los gritos de los guerreros, se aunaba el sonido de las trompetas; éstos atacaban con sus lanzas ferozmente, en tanto que se defendían con sus escudos. Otros, llevaban estandartes distintivos de Bonampak. La batalla fue todo un éxito, pues *Chaan-muan* tomó un prisionero y a varios más se les aprehendió.

La procesión victoriosa llegó a la ciudad y de inmediato empezaron los preparativos para la siguiente ceremonia, que consistió en la presentación de nueve cautivos, y posteriormente su tortura. La ceremonia tuvo lugar en el lado sur de la plaza principal de Bonampak, sobre las escaleras de la Acrópolis.

En la parte superior de los escalones, en el centro, estaba el rey con su lanza y, a sus lados, otros nobles con diversos atavíos y tocados elaborados. Algunos, llevaban también pieles de jaguares, que indicaban su alto rango. Acompañaban al rey sus dos esposas, Señora Conejo y Señora Dos, ambas vestidas de blanco, y la primera de ellas con un gran abanico en las manos. Era impresionante observar la angustia de los prisioneros, uno de los cuales suplicaba por su vida al rey. A los cautivos se les había mutilado y de sus manos caían gotas de sangre. Un prisionero se desmayó y su cuerpo flácido,

---

[3] *Ibid*. Para las fechas de Bonampak, me basé en los libros *The Blood of the Kings* y *The Mural Paintings of Bonampak*.

descansaba sobre los escalones. Así mismo, la cabeza cercenada de otra víctima, yacía cerca de él. Presenciando la escena estaban los guerreros victoriosos, algunos con sus lanzas. La sangre de los prisioneros, se consideraba como la ofrenda más preciada que se podía brindar a los dioses.

En el último día de esta celebración, que ha durado más de un año, los habitantes esperan con ansiedad el comienzo de la danza que, junto con el autosacrificio de la familia real, cerrará todo este ciclo festivo. Los danzantes se han puesto ya su vestuario especial que consiste no sólo de enormes penachos, sino también de otros elementos que sobresalen a los lados del cuerpo y que, por su forma, recuerdan las alas de los pájaros. Para no obstruir el movimiento de los danzantes, se hicieron de tela, sobre un armazón ligero. Son 10 los danzantes, y el que ocupa la posición central en lo alto de la pirámide, es el jerarca supremo. Algunos bailan sobre los escalones de la misma y frente a ella. Mientras lo hacen, se sacrifica a uno de los prisioneros.

A este cierre de las celebraciones, se invitaron a los nobles de ciudades vecinas, que usan sus largas capas de algodón y hermosos tocados hechos de tela, plumas y otros materiales.

Cuando termina la danza, queda únicamente por llevarse a cabo el autosacrificio del rey y sus esposas. Para ello *Chaan-muan* y su esposa principal, la Señora Conejo, se retirarán al Palacio. Con espinas, se mutilarán la lengua, y la sangre se absorberá con papeles de amate que más tarde se ofrecerán a los dioses. Con esta ceremonia, se les agradecerá la victoria obtenida sobre sus enemigos.

Al finalizar la fiesta, los habitantes de la ciudad regresarán a sus casas para continuar con sus ocupaciones habituales, sin saber que ésta será una de las últimas festividades de gran importancia que presencien, pues una serie de problemas pondrá fin a la dinastía reinante, y el heredero al trono, en cuyo honor se han realizado todos esos eventos, nunca llegará a gobernar. Pero los pintores, se han encargado de registrar todos esos acontecimientos y los dibujarán sobre los muros de un edificio, para la posteridad.

La misteriosa desaparición de la civilización maya en la zona central

Durante muchos años, los arqueólogos han tratado de resolver el enigma de por qué una tras otra, las ciudades mayas de la zona central, dejaron de erigir estelas y de construir edificios, y por qué fueron finalmente abandonadas.

Las evidencias de este abandono, se conocían desde hacía siglos, pues desde la época de la Conquista española, se hablaba de las ruinas mayas deshabitadas, e invadidas por la selva. En el siglo XIX, se logró la lectura de las fechas inscritas en las estelas, y los investigadores se dieron cuenta que, en el año 790 d.C., las ciudades mayas se encontraban todavía en su apogeo, ya que se labraron estelas para conmemorar el final del *katún*, en 19 centros de la zona central. Para el año 830, se erigieron estelas únicamente en tres sitios y sólo 69 años después, en 899, se dedicó la última estela, con una fecha registrada en el sistema de la cuenta larga.

Actualmente, el fenómeno del abandono es más intrigante pues, por las excavaciones arqueológicas, sabemos que al mismo tiempo que se dejan de esculpir estelas no se construyen edificios tampoco y que la población, se redujo en una forma asombrosa. Tenemos datos que en Tikal, en un siglo, disminuyeron sus habitantes en un 90%. La evidencia en los otros sitios, es semejante y se calcula que en cuatro o cinco generaciones, desapareció de la zona central un millón de habitantes aproximadamente. Por estudios que se han hecho, sabemos así mismo que estos habitantes no se trasladaron a los alrededores de lo que eran antes las grandes ciudades, ni tampoco a regiones cercanas; simplemente, desaparecieron.

Las razones que se han dado para explicar este extraño suceso, caen dentro de tres categorías: las que lo atribuyen a catástrofes naturales, como cambios climáticos, plagas, huracanes; las que lo explican por efectos ecológicos, debido a la excesiva explotación de los campos, y las que se atribuyen a fallas en el sistema social.[4]

En la actualidad, se considera que la respuesta a esa misteriosa desaparición, debe buscarse en la interrelación de varios factores y no sólo en una causa. Así, el aumento en la densidad de población trajo consigo el uso excesivo de los campos y, al mismo tiempo, las guerras se intensificaron con disputas por las tierras. La alimentación de los campesinos se vio afectada más que la de las clases sociales superiores; los campesinos se enfermaban más, y al debilitarse, disminuían las cosechas, todo lo cual causó presiones en el sistema social, que dieron motivo a fallas en el aspecto administrativo y además, en el manejo de los recursos naturales.[5]

En un momento dado, varios años de malas cosechas o una epidemia que diezmó a los campesinos debilitados por la desnutrición, o algún otro factor, presionaron al sistema económico y social a tal grado, que produjo el colapso de la civilización clásica maya, de la zona central. Hay que agregar que la zona del norte, no se vio afectada y siguió su desarrollo y esplendor por varios siglos más.

---

[4] Culbert, 1974.

[5] Este párrafo es un resumen de las ideas expuestas en el capítulo 9 del libro de Culbert titulado *The Lost Civilization*.

Nos transladamos al pasado, para visitar Chichén Itzá y Tulum

Una vez que fueron abandonadas las ciudades de la zona central, continuó el florecimiento en la zona norte, hasta el final del periodo Posclásico Temprano (900-1200 d.C.). El centro más importante durante dicho periodo, fue Chichén Itzá y, ahí, retrocedemos en el tiempo para presenciar un juego de pelota en la cancha más grande de Mesoamérica. Mide 168 m de largo, estando limitada a los lados por altos muros y, en los extremos, por templos pequeños. En los muros, a gran altura, están empotrados anillos de piedra y con relieves de serpientes entrelazadas. A lo largo de los muros, hay estrechas bancas de piedra. Los espectadores pueden subir a las partes superiores de los muros, desde el exterior de la cancha, por medio de anchas escalinatas. Encima de cada uno de los muros que flanquean la cancha, se encuentran construcciones pequeñas. La del extremo sur del muro oriental, se sustituyó por el llamado Templo del Jaguar, cuya fachada muestra una ornamentación esculpida de gran belleza y además, en su interior, unos espléndidos murales.

Los espectadores están listos para presenciar el juego. Todos ellos conocen el significado profundamente religioso que tiene, y saben así mismo que a uno de los jugadores lo sacrificarán al concluir la contienda, en un rito relacionado con la fertilidad de la Tierra. Como el juego es un ritual, ha sido necesario realizar preparativos especiales. Los jugadores han acudido, muy de mañana, al baño de vapor para purificarse, y después el sacerdote bendijo la cancha.

Durante el juego, los contendientes lanzarán la pelota de un lado a otro de la cancha, imitando el movimiento del Sol. El hecho que gane uno u otro equipo, lo interpretarán los sacerdotes como para predecir el futuro. Los tantos

Disco de Chinkultic, Chiapas. Un jugador de pelota esculpido en piedra golpea la bola con la cadera; alrededor del disco corren unos glifos calendáricos con la fecha maya correspondiente al año 591 d.C.

se cuentan cuando la pelota pega en los muros o los marcadores; muy de vez en cuando, la pelota se hace pasar por un anillo, pues tanto la altura del mismo, como la horadación pequeña, hacen que sea muy difícil lograrlo.

El juego de pelota, tuvo una larga tradición en Mesoamérica ya que se llevó a cabo desde la cultura olmeca, por los años de 1200 a 600 a.C. De esta época, se han conservado figurillas con elementos protectores que se tenían que usar por la gran dureza y peso de la pelota, hecha de hule macizo. Para el periodo Clásico (300-900 d.C.), era tal la popularidad del juego, que casi todas las ciudades contaban con una o más canchas. Hay incluso sitios, como El Tajín,

Símbolo de la muerte. Chichén Itzá, Yucatán. En uno de los basamentos de las paredes del Juego de Pelota se encuentra este relieve que representa un sacrificio humano, con el que ocasionalmente terminaban los juegos de pelota.

en el actual estado de Veracruz, donde el juego cobró una importancia tal, que se construyeron 10 canchas, algunas con relieves narrativos alusivos al ritual. En la región maya, se han descubierto muchas canchas situadas, por lo general, cerca de templos y palacios, lo que prueba que el juego constituía una actividad primordial en la vida religiosa de sus habitantes. Para construir las canchas, se escogían lugares donde el evento se podía observar por grandes multitudes.

Sabemos, por el arte y las inscripciones mayas, que muchas veces eran prisioneros de guerra los sacrificados en el juego de pelota. En ocasiones, al cautivo se le mantenía vivo por mucho tiempo, y en cierta festividad especial, se le forzaba a tomar parte en el juego, y al finalizar éste, perdía la vida. Cuando el cautivo pertenecía a la nobleza, el rey de la ciudad triunfante participaba como capitán del equipo rival.

La dificultad del juego, se debía no sólo a lo pesado de la pelota, sino también a las reglas que prohibían el uso de las manos; se podían utilizar sólo la cadera, las piernas y los brazos. Los jugadores necesitaban por lo tanto de gran fuerza y agilidad.

Los espectadores guardan silencio cuando entran, en procesión, los jugadores a la cancha; sus cuerpos bien formados y sus complejos atavíos, son el foco de atención general. Por ser la pelota de hule macizo, precisan de distintos objetos protectores. Alrededor de la cintura, llevan un objeto hecho de petatillo. Frente a él tienen un elemento protuberante que ayuda a controlar el movimiento de la pelota, a la vez que protege el pecho del jugador. Además, portan rodilleras y protectores de brazos, y como adornos, tocados, narigueras, orejeras, collares, pendientes y sandalias elaboradas. Con una mano sujetan un objeto labrado en forma de serpiente, mismo que les permitirá apoyarse en el suelo para pegarle a la pelota.

Durante el juego, se oye el griterío de la multitud, así como el golpe fuerte de la pelota al chocar contra los muros de la cancha. Es un juego rápido y violento, y los espectadores disfrutan cada momento. Cuando un jugador logra pasar la pelota por un anillo, la gente lanza un grito de emoción. Sólo algunos piensan en el final dramático de este ritual, final que está labrado en las banquetas, a los lados de la cancha. En éstas, puede verse cuando a un jugador se le decapita y su sangre se derrama para fertilizar la Tierra.

✳   ✳   ✳

Para el Posclásico Tardío (1200-1540), la civilización maya había declinado, pero el comercio y peregrinaje continuaban. Vayamos a la costa mexicana del Mar Caribe, para ser testigos de su importancia alrededor del siglo XV.

Frente a la costa, es frecuente ver navegando grandes canoas llenas de productos comerciales. Proceden de Honduras, con plumas y jade, y de Yucatán, con sal, miel, cera y esclavos que venderán en el gran mercado de Xicalango, situado en el actual estado de Tabasco. Las canoas son grandes; transportan hasta cuarenta hombres, además de la carga. Los nativos poseen gran experiencia para la navegación, pues las costas del Caribe son traicioneras por los arrecifes de coral. A pesar de sus conocimientos, no se aventuran mar adentro, sino que bordean la costa, y cuando amenaza tormenta buscan refugio en las entradas de mar. Estos comerciantes, que se arriesgan a ir hasta Nicaragua y Panamá, tienen su base de operaciones en la desembocadura del río Candelaria y se les conoce bajo el nombre de *putunes*; éstos tienen fama de ser navegantes intrépidos, además de hábiles comerciantes.

Como otros grupos de mercaderes dedicados a visitar lugares lejanos para intercambiar productos, los *putunes* son poderosos por haber logrado acumular riquezas. Su profesión se transmite de padres a hijos. Es probable que Tulum, haya sido construida por alguno de esos grupos de comerciantes.

Cuando desembarcan los mercaderes en Tulum, lo hacen para comprar pescado seco, caracoles, y púas de mantarrayas, empleadas en el ritual del autosacrificio. A su vez, venden obsidiana para navajas y otros tipos de utensilios, así como jade para elaborar adornos.

La prosperidad de Tulum se debe, aparte del comercio, a que se es considerado un lugar importante de peregrinaje. Los peregrinos vienen en barco a visitar los templos dedicados a distintos dioses; el principal, es el Dios Descendente representado, boca abajo y con alas, en algunas de las fachadas de los templos de esta ciudad. Tulum y otros centros de la costa oriental estaban así mismo asociados al nacimiento de ciertos astros como la Luna y Venus.

Debido al auge económico de Tulum, se pudieron traer pintores para adornar uno de los templos principales. Estos pintores conocen el estilo que está de moda en los otros centros importantes de la región maya y otras regiones más lejanas, como la oaxaqueña y hondureña. Este estilo, se emplea no sólo en la pintura mural, sino también en los manuscritos o códices.

Después de consultar con los sacerdotes y dirigentes de Tulum, los pintores se preparan para iniciar su tarea. En los muros representarán una escena con varias deidades enmarcadas, en la parte superior, por una faja celeste en la que se repite el símbolo de Venus y, en la parte inferior, por una escena acuática con peces y otros animales marinos. Los pintores tardarán muchos días en realizar los murales, pues los tocados, vestuarios, adornos y objetos simbólicos que portan los dioses, son de una complejidad extraordinaria. Los colores usados son singulares, pues sobre un fondo color azul se pintarán los contornos de las figuras, y los otros detalles con líneas azules de otros tonos y negras. Terminada su labor, recibirán el elogio de sus patrocinadores y se dirigirán a otros lugares a decorar nuevos templos.

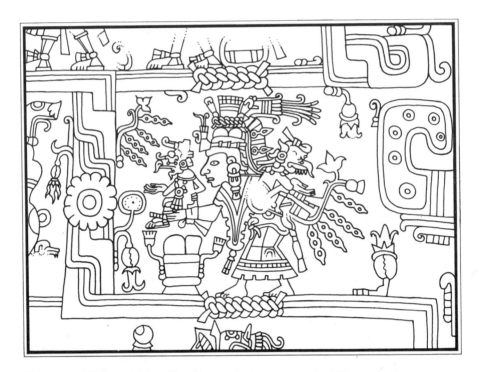

Pintura mural. Tulum, Quintana Roo. Fragmento de la decoración del Templo de los Frescos. Una deidad o un sacerdote rodeado por representaciones de flores y frutos, todo lo relacionado con la fertilidad de la Naturaleza.

Cómo vivían los mayas y quiénes eran sus gobernantes

Alimentos, viviendas y vestuario

Como en las otras regiones de Mesoamérica, los alimentos principales de los mayas eran el maíz, el frijol y la calabaza. Pero se alimentaban además de chiles, camotes, yucas, jícamas y otros vegetales. Del maíz obtenían la masa para las tortillas, tamales, atole, pozol y panes. Contaban así mismo con la fruta de varios árboles, como el ramón, aguacate, mamey, zapote, la ciruela y el cocoyol. Se aprovechaban también los productos de otras plantas, entre ellas el algodón, pochote, tabaco, achiote, los guajes y el henequén.

Para la producción agrícola, se usaba principalmente el sistema de roza, consistente en cortar y quemar el monte, empleando para tal fin, hachas de piedra. Después, se plantaban las semillas utilizando el bastón plantador, cuya punta se endurecía con fuego. Los mayas lograron desarrollar técnicas agrícolas avanzadas, mediante las cuales hacían terrazas en las laderas de los cerros, construían canales de irrigación y levantaban el suelo donde había pantanos, por medio de la acumulación de la tierra fértil del fondo de los mismos. Cerca de las chozas de los campesinos, había huertos que cuidaban las familias.

Como complemento de la agricultura, practicaban la caza y pesca. Para cazar venados, jabalíes, tapires, codornices, faisanes, guajolotes silvestres, aves marinas, etcétera, usaban el lanzadardos, las lanzas, cerbatanas y, en los últimos tiempos, el arco y la flecha. En los códices, se muestra así mismo el uso de trampas a base de lazos. En cuanto a la pesca, ésta era la actividad más importante en los pueblos costeños, y se empleaban canoas y redes, anzuelos, arco y flecha, así como hierbas venenosas para atontar a los peces. El pescado se conservaba salado, o bien secándolo al sol, y constituía un producto comercial importante.

Entre los animales domesticados por los mayas estaban los perros, guajolotes, loros, las abejas, los venados y cerdos salvajes.

Viviendas

La gente del pueblo, vivía en chozas cercanas a los grandes centros ceremoniales. Estas eran muy sencillas, pues constaban por lo general, de un solo cuarto hecho de palos de madera entrelazados y techado con hojas de palmas, o con zacate. El piso era de tierra apisonada. La planta de la choza, podía ser rectangular o elíptica. Era común que se construyeran sobre plataformas bajas, especialmente en sitios de alta precipitación pluvial. En ocasiones, las casas eran más elaboradas pues contaban con dos o tres cuartos en una sola fila, con un pórtico al frente y los pisos eran de estuco aplanado. La típica choza maya, se convirtió en un elemento decorativo reproducido multitud de veces en las fachadas de los edificios de Campeche y Yucatán. Además, sus elementos componentes pasaron a los templos hechos ya en piedra, y así se producen los frisos, las molduras, celosías, etcétera.

De los palacios para los nobles, hablaremos extensamente en el capítulo dedicado a la vida palaciega; aquí, diremos tan sólo que podían tener uno o varios cuartos hechos de piedra, con recubrimiento de estuco, y pintados de colores brillantes. Se construían sobre plataformas y los techos, se hacían con bóvedas de piedras saledizas. Las fachadas de los palacios, solían decorarse bellamente con figuras modeladas en estuco, o con mosaicos de piedras cortadas y ensambladas.

Vestuario

El vestuario variaba según el estrato social, y la ocupación del individuo. Dependía también de los materiales que se podían conseguir en un entorno determinado, o si no, por medio del comercio. Aunque quedan muy pocos vestigios de los textiles, nos podemos dar cuenta de su variedad y riqueza por las representaciones escultóricas, pictóricas, así como por las figuritas de barro.

La indumentaria del campesino era muy sencilla, pues consistía en un taparrabo o paño de caderas, es decir, una tira de algodón que llevaba alrededor de la cintura y entre las piernas. La mujer llevaba un simple huipil de algodón o una falda, y manta para cubrirse el pecho.

Las clases superiores, hacían ostentación de vestuarios mucho más elaborados y variados. Los hombres llevaban una especie de chaquetilla que podía ser de piel de jaguar o algodón, con añadidos de cuentas, caracoles o plumas. Con la piel del jaguar se hacían así mismo faldillas y capas, cuyo uso se reservaba exclusivamente al rey y a los nobles de más alto rango. Había capas de algodón, cortas o largas, que vestían, tanto hombres, como mujeres. Las de los hombres podían ser de plumas y las de las mujeres presentaban bordados de varios colores. Cuando eran cortas, podían estar adornadas con cuentas tubulares de jade y flecos de plumas.

El *huipil* de las grandes señoras, estaba decorado con diseños geométricos y el escote era, por lo común, cuadrado; se llevaba sobre faldas largas. El *quechquémitl*, que aparece en las figurillas del Clásico Tardío, tenía forma romboidal y los picos redondeados caían sobre los pechos. Los taparrabos utilizados por la nobleza, eran muy ricos y se hacían de algodón bordado. Se ataviaban también con cinturones anchos y enjoyados con máscaras de jade. Las sandalias variaban en cuanto a su tipo, ya que algunas tenían tiras para sujetarlas a las piernas, y otras, borlas en los empeines.

Los tocados, son los que muestran la mayor variedad y riqueza, y algunos se pueden calificar de fantásticos, ya que incorporan cabezas de animales míticos. Era común el empleo de grandes penachos de largas plumas, seguramente de quetzal, que se combinaban con yelmos de animales o máscaras; se usaban también tiaras cubiertas con placas de jade. En los murales de Bonampak, aparecen tocados extraordinarios que ostentaban, tanto los nobles, como los guerreros, músicos y demás personajes partícipes de las ceremonias. Otros tipos de tocados, eran turbantes, sombreros de ala ancha, diademas de cuentas discoidales, gorros cónicos sencillos o con adornos, etcétera. Los hombres acostumbraban llevar el pelo recogido en la parte superior de la cabeza, a modo de 'cola de caballo', que se sujetaban con listones. Empleaban así mismo cuentas tubulares para dividirse los mechones de pelo. Las mujeres lo llevaban suelto con o sin fleco, o recortado en forma escalonada a los lados de la cara.

Los nobles lucían gran número de joyas hechas de materiales diversos: jade, obsidiana, concha y hueso. Los mayas del periodo Clásico (300-900 d.C.), no conocían el oro y para ellos el material más preciado, era el jade. Entre los objetos ornamentales, podemos mencionar los siguientes: orejeras, narigueras, bezotes, collares, pectorales, brazaletes, pulseras, anillos y ajorcas. La gran calidad de la joyería y lapidaria de los mayas, puede observarse en los objetos descubiertos en las tumbas. Entre las joyas más famosas, están las de la cámara funeraria del Templo de las Inscripciones, en Palenque.

Días de gozo y dolor en la vida del campesino

La vida del campesino era rutinaria, pues consistía en las tareas diarias del campo. Esta rutina, se interrumpía únicamente en los días especiales, de regocijo o tristeza.

Como los mayas anhelaban tener hijos, era un día de alegría aquel en que tenían descendencia. Después de nacido el niño, se le bañaba, y con posterioridad, los padres consultaban con el sacerdote, a fin de saber el horóscopo del niño y qué nombre le convenía usar.

Entre los mayas que habitan actualmente Yucatán, se realiza una ceremonia que puede ser una tradición, conservada desde la época prehispánica. A esta ceremonia se le llama *hetzmek* y consiste en cargar, por primera vez, a los niños a horcajadas, como ellos acostumbran llevarlos. Las niñas han cumplido tres meses de nacidas cuando se hace este ceremonial, y los niños cuatro.

Se escoge a una pareja para que sea el padrino y la madrina y, en una mesa, se colocan nueve objetos vinculados a los que usará el niño durante toda su vida. El padre lo entrega al padrino y éste procede a dar nueve vueltas a la mesa, con el niño a horcajadas. Cada vez que da una vuelta, le entrega uno de los objetos, e instrúyelo acerca de su función. Después, se repite lo mismo con la madrina. Para terminar con el ritual, se devuelve el niño al padre, diciéndole a éste que han llevado a cabo el *hetzmek* de su hijo. Los padres se arrodillan ante los padrinos, para demostrarles su gratitud, y se da de comer y beber a los asistentes.

Otro día de importancia especial en la vida de un individuo, era aquel en que dejaba de ser niño para convertirse en adulto. A la ceremonia que marcaba esta transformación, se le llamaba 'La bajada de los dioses'. Los niños y las niñas usaban de pequeños, adornos que se les quitaban después de ese día, para señalar de esta manera que empezaban a ser miembros de la comunidad, así como que se podían casar. Estos adornos eran, entre los niños, una cuenta blanca en la cabeza y, entre las niñas, una concha atada con un cordón debajo de la cintura, y la cual simbolizaba su virginidad.

Era costumbre en el México antiguo, prepararse para las ceremonias por medio de ayunos y abstinencia sexual, y así lo hacían en este caso, los padres de los niños, así como el sacerdote y sus ayudantes. Estos, eran cuatro ancianos a los que se les llamaba *chaces*. Además, era costumbre tener padrinos y madrinas, y se escogía a una persona importante del pueblo para que patrocinara el acontecimiento.

La ceremonia se llevaba a cabo en el patio de la casa del patrocinador; aquél se había previamente limpiado y cubierto con hojas frescas. Después de separar a los niños de las niñas, se procedía a purificar el sitio para alejar a los espíritus malignos. La purificación consistía, primero en aislar el espacio ritual, cercándolo con un cordón, y los niños con sus padres, entraban en dicho espacio. Al centro, se sentaba el sacerdote con maíz molido e incienso. Uno a uno llegaban los niños frente al sacerdote, dándoles éste un poco de ese maíz y del incienso que procedían a quemar en un brasero. Terminada la purificación, se limpiaba de nuevo el patio y tapizaba con otras hojas.

En la segunda etapa de este ceremonial, se bendecía a los niños. El sacerdote vestía al efecto un saco adornado con plumas y listones de algodón, así como un tocado de plumas multicolores. Tanto a los niños, como a las niñas, se les ponía en la cabeza unos paños blancos traídos por las madres, y adornos en la espalda, hechos de plumas y semillas de cacao. Durante la bendición, el sacerdote oraba, mientras los rociaba con un hisopo decorado con los crótalos de una serpiente. Otra parte de la bendición, estaba a cargo del personaje principal del pueblo. Consistía ésta, en tocar nueve veces la frente de los niños con un hueso y, en seguida, con el mismo objeto, les mojaba varias partes de la cara y del cuerpo, con un líquido especial. Este lo hacían con agua pura, traída ex profeso de alguna cueva o cenote, y la cual mezclaban con flores y cacao.

La ceremonia llegaba entonces a su tercera etapa, cuando a niños y niñas se les quitaban los paños de la cabeza y los adornos que llevaban en la espalda; así mismo, el sacerdote cortaba las cuentas del pelo de los niños. A continuación, éstos comían y se ofrendaban alimentos y bebidas a los dioses, al mismo tiempo que se oraba. Las madres procedían entonces a quitarles a las niñas, las conchas que llevaban debajo de la cintura. Después de irse los festejados, se repartían prendas de vestir a los oficiantes e invitados, finalizando todo el ritual con una gran fiesta.

Otro día de regocijo, obedecía a que una pareja contraía matrimonio. Como era común en los pueblos mesoamericanos, los padres acudían a los casamenteros para que éstos buscaran al cónyuge adecuado, en lo que influía la posición económica y social de la familia. Los novios se reunían con sus familiares y convidados, en la casa del padre de la novia, adonde iba el sacerdote para celebrar la ceremonia que consistía principalmente en la bendición de la pareja. La dote, que era mínima, la daba el padre del novio. Después del convite, el ahora esposo se quedaba a vivir con su mujer, y los padres de ésta trabajaban para el suegro de la misma por cinco o seis años.

Había otras ceremonias durante el año, en las que participaban todos los miembros de la comunidad, desde la clase aristócrata hasta los campesinos. La principal se llevaba a cabo para celebrar el año nuevo en el primer día del mes llamado *Pop*. En esta fiesta, se honraba a todos los dioses y se renovaban también los objetos de uso diario, como platos, vasos, banquillos, etcétera, y se hacía además limpieza general en las casas. Con objeto de prepararse para dicha fiesta, se realizaba un ayuno general y practicaba la abstinencia sexual. En el templo, se tendía un cordel para rodear un espacio que se consideraba sagrado, y donde penetraban los participantes. Se purificaba el lugar, y los partícipes recibían, uno a uno, incienso del sacerdote principal. Se terminaba la fiesta con comida y bebida. Un aspecto primordial de esta festividad, es que los sacerdotes prendían el fuego nuevo.

Otra fiesta en la que tomaba parte toda la población, se llevaba a cabo en el mes *Xul*, y era en honor del dios Kukulcán, dios este que fue integrado a las creencias mayas en el Posclásico por influencias del centro de México. Esta fiesta era muy popular en la población de Maní, y en ella se formaba una gran procesión que iba al templo de ese dios. Los participantes principales, pasaban cinco días con sus noches, rezando y bailando danzas sagradas. Otros representaban farsas y recogían regalos que llevaban al templo.

En el mes llamado *Mol* se celebraba, en honor de todas las deidades, otro festejo cuya finalidad era ungir, con una pomada sagrada de color azul, todos los utensilios usados en los oficios diversos, desde los empleados por los sacerdotes, hasta los más humildes utilizados por las mujeres en las labores domésticas. Además, era la costumbre dar unos golpecillos a niños y niñas, para que fueran buenos trabajadores en los oficios que les enseñaban sus padres.

La renovación del templo de los Dioses de la Lluvia, llamados *Chacs*, se llevaba a cabo en la fiesta del mes *Yax*. Durante éste, se renovaban así mismo, los ídolos hechos de barro, y los braseros en que se quemaba incienso en honor de aquéllos.

Los días de dolor, venían con las enfermedades y la muerte. Cuando alguien enfermaba, se traía al curandero, quien procedía a establecer si la causa del problema, obedecía a alguna ofensa hecha a los dioses. La curación incluía rezos, sangrías y el uso de hierbas medicinales que abundan en la región maya.

La muerte de algún familiar era muy sentida, y así, el obispo Landa nos narra que eran grandes los llantos y la tristeza; en sus propias palabras: "Llorábanlos de día en silencio y de noche a altos y muy dolorosos gritos que era lástima oírlos".[6] La familia del difunto, tenía listas comida y bebida para los asistentes al duelo. Cuando enterraban al muerto, algunos ídolos lo acompañaban, así como una cuenta en la boca, para "pagar" su sustento en el otro mundo.

Los escribas, artífices y comerciantes

Los campesinos constituían la parte más numerosa de la sociedad maya y mantenían, con su trabajo, a los nobles. La clase noble era también bastante numerosa, ya que como los reyes tenían varias esposas y muchos hijos, se multiplicaban pronto; además, los descendientes de los reyes anteriores, eran considerados también pertenecientes a la nobleza. En virtud de que sólo un hijo podía heredar el trono, los restantes buscaban puestos oficiales en ciudades subordinadas, o bien puestos militares. A otros se les nombraba ayudantes personales de los reyes, ayudantes de cámara, como se les llamaba en las cortes europeas. Los que no mostraban inclinación ni por la política ni por la guerra, se dedicaban al sacerdocio o aprendían los oficios de escribas o artífices.

En la cultura maya, la escritura, las matemáticas y el calendario, tuvieron un gran desarrollo, y el oficio de los escribas era indispensable en las actividades de las cortes. Se han descubierto tantos textos en multitud de esculturas, pinturas, vasijas etcétera, que cabe suponer la existencia de talleres donde los escribas se ocuparían de registrar los acontecimientos más importantes. En algunas vasijas pintadas, se les muestra con los manuscritos frente a ellos y los utensilios necesarios para su oficio, como el tintero y los pinceles. El título de 'El que posee la escritura', aparece en vasijas, junto con la firma de los artífices hacedores de las mismas.[7]

---

[6] Landa, 1973
[7] Schele y Miller, *op. cit.*

Los mayas consideraban que las actividades artísticas, las inspiraban los dioses, y que los artesanos poseían un talento singular. En el libro *Popol Vuh*, los hermanos mayores de los gemelos divinos, tenían aptitudes especiales para las artes. Estos hermanos mayores, llamados *Hun Batz* y *Hun Chuen*, eran los patronos de los músicos, cantantes, pintores y escultores, y por eso aparecen dibujando y esculpiendo objetos en las vasijas policromadas. Fray Diego de Landa, describe cómo los talladores de ídolos se aislaban del resto de la comunidad y se abstenían de actos sexuales, con el propósito de lograr la inspiración divina y concentración necesaria para la creación de las esculturas de las deidades.

Estudios recientes en Copán, han permitido ampliar los conocimientos sobre los escribas y artesanos. Según las autoras del libro *The Blood of the Kings*, se descubrió, en ese lugar, un palacio en el cual habitaban los escribas y artífices pertenecientes a la clase noble. Dicho palacio está situado en el grupo de edificios conocido como 'El Conjunto de las Sepulturas'. El tema de la ornamentación del mismo, se relaciona con esos oficios. Los escribas y artífices eran tan importantes en ese lugar, que ostentaban títulos de nobleza, y en los textos conmemorativos se incluyen sus nombres.[8]

En cuanto a los comerciantes, hay datos indicativos de que algunos nobles se dedicaban también al comercio, por lo menos en el periodo anterior a la Conquista. En Nito, un centro comercial importante en la costa este de Guatemala, el hermano del gobernante tenía bajo su mando el sector habitado por los comerciantes *putunes*, que procedían de Tabasco. Sabemos así mismo que un miembro de la familia real de los *cocomes* de Mayapán, se salvó de la masacre sufrida por su familia, porque estaba realizando transacciones comerciales en el valle de Ulúa, en Honduras.

En una vasija pintada, aparecen varios comerciantes durante un viaje. Al personaje principal, se le conduce en una hamaca cargada por dos individuos. Se puede observar que se trata de un personaje distinguido, pues lleva tocado, collar y brazaletes, además de un abanico, emblema de la clase comerciante. Detrás de él, se dibujaron un cargador y otros tres mercaderes, con elaborados atuendos y grandes báculos. Todo ello, es indicativo de la riqueza y prestigio de ese estrato social.

---

[8] *Ibid.*

Los sacerdotes

El supremo gobernante, unía en su persona el poder civil y religioso. Entre los mayas de Yucatán, se le conocía como el *halach uinicoob*, y se encargaba de ciertas ceremonias religiosas.

Los demás sacerdotes pertenecían a diferentes jerarquías. A la cabeza estaban los grandes sacerdotes llamados, en el periodo Posclásico, 'El Señor de la víbora de cascabel y del tabaco' y 'El Señor de la víbora de cascabel y del venado'. Según nos dice Landa, eran muy reverenciados y contaban con recursos económicos propios, puesto que se les asignaba un repartimiento de indios, además de ofrendas y regalos. Tenían a su cargo oficiar en las fiestas más importantes, y conocían los secretos de las ciencias calendáricas y astronómicas. Otros aspectos primordiales de sus funciones, era profetizar el futuro y enseñar a los hijos de los nobles las tradiciones y otros conocimientos.

De una jerarquía menor, eran los sacerdotes llamados *ah kin*, encargados de los rituales locales en los pueblos. Los conocidos como *nacomes*, presidían los sacrificios, en tanto que a los que acertaban en sus profecías, se les daba el nombre de *chilanes* y eran muy respetados. Los llamados *chacs*, ayudaban en las ceremonias y se encargaban de sujetar a las víctimas, antes que se procediera a abrirles el tórax. Se habla también de doncellas que habitaban cerca de los templos y atendían el fuego sagrado.

La nobleza y vida palaciega

Debajo de los *ahau* o reyes, estaban los *cahals*, miembros de la familia real encargados de administrar los territorios conquistados. A ellos no se les identifica, en las esculturas y pinturas, con nombres propios, y tampoco con los glifoemblemas de las ciudades a las que pertenecían. Se les puede considerar como gobernantes subordinados al rey, y éste era quien los designaba.

En los murales de Bonampak, varios personajes llevan el título de *ah naab*. Este título se les daba ocasionalmente a los reyes, pero se refiere más bien a los nobles y puede compararse con el título de escudero dentro de la nobleza europea. Es posible también que se usara para nombrar a los príncipes, hijos de los *ahau*, los gobernantes supremos. Es interesante que dentro de este rango, se incluyeran a los personajes practicantes de las artes, como son los músicos y danzantes. Según cabe suponer, dichos personajes pertenecían así mismo a las familias reales.[9]

Se conoce, por los cronistas, que en Yucatán, antes de la Conquista, a los jefes menores se les llamaba *batabs*; éstos pertenecían a la nobleza hereditaria, y los escogía el *halach uinic* (gobernante supremo), para administrar los asuntos de los pueblos sometidos. Una de las tareas principales de los *batabs*, consistía en cobrar los tributos puntualmente. Ellos no los recibían y los pueblos, se encargaban de su manutención.

Resulta intrigante la aparición, en las escenas cortesanas, de algunos enanos. Por su estatura y proporciones anatómicas, es seguro que no se trata de niños, sino de seres con deformaciones físicas. En varias partes del mundo, se han escogido a los enanos para que formen parte de las cortes reales. Parece ser que entre los mayas, gozaban de una situación privilegiada y se encargaran probablemente de algunas funciones administrativas. Es posible también que tuvieran fama de adivinos, o poseer ciertos poderes mágicos.

En casi todas las ruinas mayas, quedan restos de palacios que son complejos formados por varias galerías, con cuartos que se abren a patios interiores. Son diferentes a los templos, puesto que éstos tienen menos cuartos y, por lo general, se alzan sobre basamentos de altura considerable. Entre los ejemplos más famosos de palacios, están: el de Palenque, del cual ya hablamos; el de Tikal, en la Acrópolis Central; el de Piedras Negras, en la Acrópolis Poniente y el Palacio del Gobernador, en Uxmal.

La vida en esos palacios, era bastante sofisticada y de ella podemos darnos una idea a través de los restos arquitectónicos y las representaciones en la escultura, pintura mural y cerámica, con escenas narrativas. Por ejemplo, los murales de Bonampak, nos permiten visualizar el esplendor de las ceremonias realizadas ahí; así mismo, hay multitud de escenas palaciegas representadas en vasijas, que reproducen, con todo detalle, el lujo con que vivían los nobles.

Los palacios hechos de piedra, en los que se llevaban a cabo las ceremonias principales y funciones administrativas, son los que se han conservado; pero en varios sitios, junto a esos palacios, hay restos de montículos donde existían casas hechas de materiales perecederos, viviendas de miembros de la familia real.

---

[9] *Ibid.*

Desde el Preclásico Tardío (300 a.C. a 250 d.C.), en el sitio de El Mirador, se encuentran edificios construidos con todo cuidado para lograr no sólo su permanencia, sino también para brindar ciertas comodidades. Así, las piedras están bien cortadas y cubiertas con estuco y pintadas subsecuentemente de rojo; hay cuartos que se decoraron con esculturas modeladas en estuco. Las entradas a las habitaciones son amplias y, en un caso, se encontró hasta una ventana en una pared posterior. En algunos de los cuartos, se hallaron bancas que podían funcionar como camas, sobre las cuales se colocaban cojines y ropajes, para mayor comodidad.[10]

Los conjuntos palaciegos, aumentaron en complejidad con el paso del tiempo. El mejor ejemplo, es el conjunto de Piedras Negras, en Guatemala, construido en la Acrópolis Poniente, entre los años de 680 y 750 d.C. Esta, se planeó aprovechando una colina natural que permitía colocar los edificios y patios a niveles diferentes. El concepto, detrás de todo el conjunto, era lograr la máxima privacía en los edificios más alejados de la plaza principal, que son aquellos que se encuentran en la parte superior de la colina. De la plaza principal, se pasa por una serie de patios, rodeada por terrazas y edificios, siendo las construcciones cada vez más inaccesibles hasta llegar a la cúspide, donde hay un pequeño palacio, quizás la residencia particular de la familia real. En una de las primeras galerías, cerca de la plaza principal, se descubrió un trono elaborado; los arqueólogos suponen que se realizarían allí algunas de las recepciones oficiales. Cerca de esa galería, se encontraron baños de vapor destinados a la limpieza, tanto física como ritual, de los personajes que iban a presentarse ante el rey y su corte.

Los reyes, partícipes de la divinidad

A través de los siglos, los textos mayas nos hablan de la grandeza de los reyes, quienes se consideraban encarnaciones de los dioses y descendientes de ancestros divinos. En el Tablero del Palacio de Palenque, los títulos conferidos al monarca, son un testimonio de ello. Este tablero glorifica a *Kan Xul* (Animal Precioso), segundo hijo del famoso Escudo Jaguar y hermano de Serpiente Jaguar. En dicho tablero, se le llama *Bacab* (gobernante) *Ma K'ina*

---

[10] Matheny, 1987, p. 333.

(gobernante) y *El Noble*. Se le da, además, el título del Dios *K*, y se establece su relación con los dioses de la tríada de Palenque (quienes eran los antepasados divinos de los jerarcas palencanos). Se mencionan así mismo dos ceremonias: la primera cuando *Kan Xul* tenía siete años, y en la cual se le presentó, como heredero, ante el Dios *K*, y la segunda, cuando cumplió 13 años, estableciéndose de nuevo su relación con las deidades.

Entre los mayas de Yucatán, antes de la conquista, al rey se le llamaba *halach uinic*, que quiere decir 'Hombre Verdadero'. El trono se transmitía de padres a hijos y, según explica Landa, aunque el hijo mayor era el heredero, a los otros hermanos se les honraba y respetaba. En caso que el hijo mayor fuera demasiado pequeño para gobernar al morir el rey, uno de los hermanos del difunto reinaba, en tanto el niño crecía. El *halach uinic*, llevaba también el título *ahau* que significa 'Rey o Gran Señor'.

Las familias reales estaban emparentadas, pues acostumbraban a casarse entre sí. Las mujeres, al contraer matrimonio, dejaban su lugar de origen para trasladarse a su nuevo hogar, ocupando un puesto importante en la corte. Un ejemplo es la Señora Conejo, perteneciente a la familia real de Yaxchilán, quien se casó con el rey de Bonampak. Dicha señora gozaba de una posición privilegiada dentro de la corte y así, en los murales de dicho sitio, aparece con el título de *Bacab*, título que ostentaban los reyes. Al igual que sucedía en las cortes europeas, aun estando las familias reales emparentadas, no evitaba las guerras entre ellas. Multitud de textos nos hablan de las batallas, y si uno de los reyes caía prisionero, se le trataba sin ninguna piedad. Al parecer, se le torturaba y sacrificaba durante alguna ceremonia de especial significado.[11]

Las mujeres, en algunos casos, llegaron a tener el poder en sus manos. Las inscripciones nos informan que durante el periodo Clásico Tardío (600-900 d.C.), hubo mujeres gobernando en las ciudades de Piedras Negras, Palenque y Naranjo.

Desde una época temprana, muchos de los símbolos de la autoridad real se habían ya establecido, y así lo advertimos en la llamada Placa Leiden que data del periodo Clásico Temprano (250-600 d.C.), y que forma parte de la colección del museo de Leiden, Holanda. En esta placa se grabó la fecha del 17 de septiembre del año 320 d.C., así como la figura de un monarca. Atrás del mismo, hay un individuo en posición horizontal y con las manos amarradas; se trata de un prisionero al que, según cabe suponer, se le iba a sacrificar.

---

[11] Schele y Miller, *op. cit.*

En la citada placa, aparecen ya varias insignias reales, como son el cetro serpentiforme y el tocado con el llamado 'Dios Bufón', nombre que se le dio por su curioso tocado, y que recuerda al usado por los bufones de la época medieval. Al cetro, que alude al cielo, se le conoce también como barra ceremonial y, en cada uno de sus extremos, hay cabezas de serpientes. De una de éstas, emerge el Dios Solar, que puede identificarse por el signo *kin* de su tocado, y de otra, el Dios *K,* dios relacionado con la realeza. El monarca de la placa, porta además el cinturón real con dos cabezas, una colocada al frente y la otra detrás, colgando placas de ambas cabezas. El tocado es sumamente elaborado, con varias máscaras, entre las cuales puede distinguirse una cabeza de jaguar y, en la cúspide, el rostro del ya mencionado 'Dios Bufón', relacionado así mismo con la realeza. Este, muestra tres elementos en la parte superior de la cabeza, los cuales terminan en círculos; dichos elementos son característicos de esa deidad.

El jerarca de la placa Leiden lleva el atavío que se usa en la ceremonia del ascenso al trono; es un atavío que "se convirtió en el más sagrado de los reyes"[12], y confería a los reyes, poderes sagrados.

Entre los elementos del atuendo real se incluyen, además del tocado del 'Dios Bufón', un cinturón formado de una banda ancha en cuya parte central, se colocaban máscaras de jade que representaban deidades; en la parte superior de éstas, se ponían tiras anudadas, y debajo, diseños de petatillo; estos aludían al rey, que se sentaba sobre petates, y de ahí que uno de sus títulos fuera 'El Señor del Petate'. En la parte inferior de las cabezas, colgaban tres plaquitas de jade y varias hileras de conchas. Otro objeto simbólico era la barra llevada sobre el pecho, como puede verse en la estela 11 de Yaxchilán. Esta barra muestra varios diseños elaborados, que en otros casos, es más sencilla.

Detrás, en la espalda, el rey ostentaba un alargado armazón sobre el cual se colocaban máscaras y efigies de los dioses, así como figuras de animales sagrados. Acostumbraban a usar también una especie de delantal con el Dios *C,* sobre un diseño alusivo al árbol sagrado, eje del mundo.[13]

Los tocados que portaban los reyes eran de gran tamaño, por lo que éstos tenían que conducirse con lentitud y dignidad, para no perder el equilibrio. Como se usaban plumas brillantes de guacamayas, loros y quetzales, resultaban esos tocados de un gran colorido. Se utilizaban también tantos objetos

---

[12] *Ibid.*
[13] *Ibid.*

Dintel 53. Yaxchilán, Chiapas. Los reyes mayas usaban impresionantes tocados donde se colocaban plumas de ricos colores de diferentes aves.

en su elaboración, que era necesario emplear un armazón de madera. Los reyes palencanos ostentaban un tocado singular, consistente en un objeto cilíndrico recubierto de plaquitas de jade o concha, con el rostro del 'Dios Bufón' al frente y, en lo alto, un penacho de plumas largas.

Otro elemento muy importante lo constituía la máscara que cubría, total o parcialmente, la cara del jerarca, y que se utilizaba en especial cuando el rey personificaba a una deidad. En la estela 11 de Yaxchilán, aparece el monarca con una máscara sobrepuesta al rostro y, frente a él, tres prisioneros. Se trata del gobernante Pájaro Jaguar, personificando a la deidad *Chac-Xib-Chac*, deidad vinculada a los sacrificios.

Entre los objetos llevados por los monarcas, mencionamos ya la barra ceremonial. Otros objetos, eran los bultos sagrados que contenían los utensilios empleados para el autosacrificio, o las imágenes de los dioses, y el cetro del Dios *K*, con un pie serpentiforme al cual se le conoce como el cetro maniquí.

Eran múltiples las ceremonias y actividades en que participaban los reyes; entre ellas, cuando ascendían al trono y contraían matrimonio, tomaban parte en las batallas, recibían tributos y a delegados de las otras ciudades, etcétera.

La ceremonia más importante, tenía lugar al ascender el heredero al trono, y en ella se unía la fastuosidad al dramatismo; ésta, en cuanto al vestuario, joyas e insignias usadas por el rey y los nobles, y el dramatismo, debido al sacrificio de los guerreros hechos prisioneros en batalla, para santificar, con su sangre, dicha solemnidad.

La ceremonia para la toma del poder, se elaboraba y dividía en varias etapas. En la primera, el rey, con una vestimenta reducida al mínimo, recibía el atavío característico de los monarcas. En seguida, se presentaba ante sus súbditos con los emblemas de su cargo. Era la costumbre, proceder después al autosacrificio, tanto del jerarca, como de su esposa, pues su sangre representaba la ofrenda más preciosa que se pudiera presentar a los dioses. Para finalizar la solemnidad, se sacrificaban a los cautivos que eran, preferentemente, de un alto rango.[14]

---

[14] Para mayores detalles de esta ceremonia, ver el capítulo II del libro *The Blood of the Kings*.

El hombre maya ante el Universo: mitos, creencias y dioses

Los dioses crean el Universo y el hombre

Como todos los pueblos, los mayas se habían preguntado cómo había surgido el Universo y la vida. En el hermoso relato del *Popol Vuh*, uno de sus libros sagrados, se nos describe el momento anterior a la creación de la Tierra, la vida y el hombre:

"Esta es la relación de cómo todo estaba en suspenso, todo en calma, en silencio; todo inmóvil, callado, y vacía la extensión del cielo.

Esta es la primera relación, el primer discurso. No había todavía un hombre, ni un animal, pájaros, peces, cangrejos, árboles, piedras, cuevas, barrancas, hierbas ni bosques; sólo el cielo existía.

No se manifestaba la faz de la tierra. Sólo estaban el mar en calma y el cielo en toda su extensión.

No había nada junto, que hiciera ruido, ni cosa alguna que se moviera, ni se agitara, ni hiciera ruido en el cielo.

No había nada que estuviera en pie; sólo el agua en reposo, el mar apacible, solo y tranquilo. No había nada dotado de existencia.

Solamente había inmovilidad y silencio en la obscuridad, en la noche. Sólo el Creador, el Formador, Tepeu, Gucumatz, los Progenitores, estaban en el agua rodeados de claridad..."[15]

---

[15] *Literatura maya*, 1980, pp. 12 y 13.

Una vez creada la tierra, las montañas, los valles y las corrientes de agua, los dioses decidieron que el hombre debería aparecer, pero fueron necesarias varias creaciones para lograr que éste satisfaciera a los dioses.

El *Popol Vuh*, relata que los dioses creadores dieron origen a los animales, pero éstos no podían alabarlos ni adorarlos; crearon entonces a los primeros hombres hechos de lodo, pero éstos no tenían fuerzas ni inteligencia, ni se reproducían tampoco, y se deshicieron en el agua. Como esta creación no fue satisfactoria, los dioses lo intentaron de nuevo, y probaron esta vez hacer de madera a los hombres. Pero, como nos narra el mito, no tenían alma ni entendimiento, ni se acordaban tampoco de adorar a los creadores. Los dioses mandaron entonces un gran diluvio, y los hombres que no murieron, se convirtieron en monos.

La siguiente creación tuvo éxito, pues al hombre se le hizo de maíz. Dice el *Popol Vuh:*

> "De Maíz amarillo y de maíz blanco, se hizo su carne; de masa de maíz se hicieron los brazos y las piernas del hombre. Unicamente masa de maíz entró en la carne de nuestros padres, los 4 hombres que fueron creados."[16]

Estos hombres hechos de maíz, dieron gracias a los dioses por haberlos creado, pero se sentían tan sabios como las mismas deidades, lo que no les pareció bien y uno de los dioses les echó un vaho sobre los ojos, y así quedó limitada su sabiduría.

Lo fundamental de este mito, es la relación mutua establecida entre dioses y hombres. Fue necesario que aquéllos crearan a éstos pero, a la vez, sólo por los continuos sacrificios de estos últimos, pueden sobrevivir los dioses. Esta creencia fundamental, va a establecer costumbres y rituales, y explica, sobre todo, la necesidad del sacrificio humano y de la práctica del autosacrificio.

Los niveles del Universo

Los mayas creían en la existencia de varios niveles celestes y varios niveles del inframundo. Los niveles celestes eran seis escalones que ascendían desde el horizonte del oriente, hasta el cenit, que se consideraba el séptimo; de éste, se originaban otros seis escalones que llevaban al horizonte septentrional. De la misma manera, se consideraba que existían niveles escalonados en

---

[16] *Ibid.*

el inframundo pero, en vez de ser seis el total de los escalones, eran sólo cuatro.

La concepción que tenían sobre la Tierra y el cielo

Sabemos que los mayas concebían la Tierra como la parte superior de un lagarto, o un ser monstruoso que flotaba en un medio acuático entre lirios. Por su parte, el cielo se lo imaginaban como un ser celestial bicéfalo, con atributos de iguana y serpiente. En ocasiones, cuando se representaba a este ser bicéfalo, se le agregaban cornamenta y pezuñas de venado. En el cuerpo alargado del ser celestial, que semeja una banda, se dibujaban signos solares, lunares y de otros astros. Hay casos en que corrientes de agua, caen de dicha banda denotando lluvia, tal como aparece en la página 39 del *Códice Dresde*.

Los rumbos cósmicos y el eje sagrado

Para los mayas, eran muy importantes los rumbos o direcciones del Universo. Así, se imaginaban que en cada uno de los cuatro rumbos había un atlante que sostenía al cielo. A estos atlantes, se les daba el nombre de *bacabs*, y es frecuente encontrarlos en el arte con ambos brazos levantados o, por lo menos, con un brazo alzado en actitud de sostener algo.

En la concepción maya de la Tierra, desempeñaba un papel primordial la idea del árbol sagrado que ocupaba el centro de ese planeta. Esta idea, es común en muchos otros pueblos del mundo y, en general, se consideraba que dicho eje sagrado o *axis mundi*, podía formar un ducto por el cual se podía pasar, del nivel terrestre, al celeste, o al inframundo. En el caso de los mayas, el árbol era una ceiba gigantesca. Según nos dice el mayista J. Eric Thompson, hay algunos grupos mayas que creen en la actualidad que, por medio de las raíces de una ceiba, subieron sus antepasados a este mundo y que, mediante sus troncos y ramas, los muertos se elevan al cielo superior.[17]

Características de las deidades mayas

Muchas de las características de las deidades mayas, son semejantes a las de los dioses del resto de Mesoamérica. Lo primero que llama la atención, es la

[17] Thompson, 1970.

multitud de dioses que tenían, pero esto se debe a que las deidades, poseían diversos nombres y aspectos diferentes; así, podían ser benévolos en unas ocasiones, o causar daños en otras. Se cambiaban también de la esfera celeste, al nivel terrestre, o al inframundo. Un ejemplo muy claro de ello, es que el Dios Solar, asociado a la luz y al día, se trastocaba en el Dios Jaguar del Inframundo, pues en las noches pasaba por el mundo de las tinieblas. Los dioses, se multiplicaban además porque, como se consideraban humanos en muchos sentidos, el dios de género masculino, tenía que poseer su contrapartida en una deidad femenina. Es común encontrar así mismo, rasgos juveniles en un dios y, en otra de sus representaciones, hallarlo convertido en un anciano. Había también el concepto cuadripartita que multiplicaba por cuatro a un dios, para que hubiera uno para cada rumbo cósmico.

En cuanto al aspecto que representaban los dioses, no es inusitada la combinación de elementos humanos con los zoomorfos, dominando estos últimos. Veamos algunos ejemplos: rasgos de serpientes y cocodrilos, se pueden observar en las figuras de los *Chacs*, los Dioses de la Lluvia, y hay elementos tomados del jaguar en el Dios Solar del inframundo. El dios creador *Itzam Na*, aparece con cuernos y pezuñas de venado, aunque pueda representarse así mismo, como un ser antropomorfo.

Entre los mayas, más que entre los otros pueblos mesoamericanos, encontramos que a los dioses se les relaciona con los ciclos calendáricos y los números.

Una observación importante del autor J. Eric Thompson, es que cierta duplicidad en las funciones de los dioses, se debe a que las clases sociales de mayor jerarquía, impusieron a ciertos dioses y creencias, sobre la religión tradicional del campesino. En el Posclásico Temprano (900-1250 d.C.), los putunes y otros grupos con influencias mexicanas, introdujeron el culto a *Kukulcán*, o sea *Quetzalcóatl* en Yucatán.

Hay claros indicios que desde el principio del periodo Clásico (250-900 d.C.), existía un culto a los antepasados y, en las inscripciones que acompañan a las imágenes de los reyes, se da a conocer quiénes eran sus padres y su linaje, ya que la genealogía era muy importante.

Itzam Na,
dios creador maya.

Los dioses creadores

Ya se comentó que en el *Popol Vuh,* se narra cómo los dioses dieron origen a la vida y los hombres. Una pareja que recibe varios nombres, es la primigenia. Junto a esta pareja, se habla también de un dios creador llamado *Itzam Na,* que es el mismo que el *Hunabku,* mencionado en el *Popol Vuh.* A *Itzam Na,* se debe no sólo la creación de la humanidad, sino además su preservación, pues una de sus funciones, y en este caso coincide con la de los *Chacs,* es mandar la lluvia.

En los códices, *Itzam Na* aparece como un anciano y se le considera como un dios benévolo, inventor de la escritura y los libros, y con nexos con la medicina y el sacerdocio. Su nombre se forma con dos glifos, uno de los cuales incorpora al signo del día *ahau,* lo que le confiere el título de 'Rey o Gran Señor'. La esposa de *Itzam Na,* se llama *Ix Chebel Yax.*

Cilindro de barro policromo representando al Dios del Sol. Palenque, Chiapas. Esta pieza fue posiblemente usada como brasero para quemar copal en homenaje del dios. Debajo de un elaborado tocado que se compone de la cabeza del Dios Jaguar del inframundo y un quetzal, se encuentra el rostro de Kinich Ahau, Dios Solar. Tiene sus característicos ojos protuberantes y unas volutas saliendo de las comisuras de la boca.

La diosa Ixchel,
esposa del Sol

Los dioses celestes

Al visitar algunos de los lugares mayas, nos encontramos con imponentes mascarones de grandes ojos; esos mascarones corresponden al Dios Solar, *Kinich Ahau*. Esta deidad, es de importancia singular entre los dioses celestes. Se le identifica porque aparece por lo general con grandes órbitas oculares y estrabismo. Muestra además, dientes superiores en forma de 'T'. En los códices, puede representársele como un viejo, acompañado con el signo *kin* que significa sol o día, y el cual semeja una flor de cuatro pétalos. Como se mencionó anteriormente, los dioses pueden aparecer de vez en cuando, como jóvenes y ancianos, y así sucede con *Kinich Ahau*. Su influencia era maligna, pues se le relacionaba con las sequías y, en general, con el mal tiempo que destruía las cosechas.

La Diosa Lunar, llamada *Ixchel*, es otra de las deidades celestes, y era la esposa del Sol. Se consideraba que tenía un nexo particular con las mujeres, el embarazo y parto. Era patrona de la medicina y las enfermedades y, por lo tanto, se le dibujó en las secciones de los códices *Dresde* y *Madrid,* que tratan de los padecimientos. Fue así mismo, la que enseñó a las mujeres el uso del telar. En los códices, lleva una serpiente como tocado y puede ostentar huesos en forma de cruz en su falda. En su aspecto maléfico, se le asocia con símbolos de muerte y destrucción; además, personifica al agua en sucesos catastróficos como son las inundaciones.

J. Eric Thompson considera que la Diosa de los Suicidios, *Ixtab*, es realmente una advocación de la Diosa Lunar, pues una deidad con una cuerda alrededor del cuello, se incluyó en las tablas de los eclipses del *Códice Dresde*. *Ixtab* significa 'La de la cuerda' y en dicho códice se le dibujó ahorcada, con los ojos cerrados y un círculo negro en la mejilla, que pudiera simbolizar la descomposición del cuerpo. Curiosamente, los mayas creían que los suicidas iban a un paraíso.

El Dios del planeta Venus

Este dios se integró tardíamente a la teogonía maya, probablemente por influencia de los pueblos del altiplano mexicano, o a través de los putunes, los mayas chontales que eran comerciantes y navegantes, y que llevaron influencias extrañas a la península de Yucatán. Lo mismo que entre los otros grupos mesoamericanos, se conocía a fondo el movimiento sinódico del planeta Venus, y se consideraba que cuando salía como Estrella de la Mañana, su influencia podía ser nefasta para los humanos y las cosechas. La razón de esto, es que se creía que Venus había estado en el inframundo y había adquirido esa especie de poder maléfico. En el *Códice Dresde*, hay seis páginas que tratan sobre este planeta y sus movimientos celestes.

Los Dioses de la Lluvia y del Viento

La popularidad de los Dioses de la Lluvia, llamados *Chacs* en Yucatán, es innegable. La aridez y sequedad de la tierra significan que si fallan las lluvias, se pierden las cosechas y sobrevienen la carestía, el hambre y la muerte. Las fachadas de muchos templos son, en su obsesiva repetición del mascarón de los Dioses de la Lluvia, una letanía de súplica para que se precipite el líquido precioso.

Los Dioses de la Lluvia, en la zona maya, son muy semejantes a los Tlálocs del altiplano central de México. En ambos casos, se trata de cuatro dioses relacionados con los rumbos cósmicos y con ciertos colores. Estos dioses,

Chac, Dios de la Lluvia. Esta deidad era muy importante entre los mayas, pues de su intervención dependían las buenas cosechas.

llevan vasijas de las cuales vierten la lluvia y portan además hachas y palos ondulantes, símbolos de los rayos y truenos. Tanto en la región maya, como en la mayor parte de las otras regiones de Mesoamérica, a los Dioses de la Lluvia se les vincula estrechamente con las serpientes.

Los *Chacs*, aparecen incontables veces en el arte maya, tanto en la arquitectura, como en la escultura, pintura mural y los códices. Se les identifica por su nariz prolongada que se convierte, alguna que otra vez, en una especie de trompa, y por las volutas que proceden de los lados de la boca, quizá un rasgo asociado a la lengua bífida de la serpiente. En los códices, *Chac* puede aparecer con o sin dientes, y con la pupila del ojo representada por una voluta. Es común que se dibuje a los Dioses de la Lluvia, posados sobre los árboles de las direcciones del Cosmos.

Los *Chacs* son muy importantes en los manuscritos, supuesto que juegan un papel fundamental en los almanaques usados para profetizar las buenas y malas cosechas. Así, en el *Códice Dresde*, aparecen 141 veces. En ocasiones, el augurio es nefasto, ya que los *Chacs*, ostentan antorchas alusivas al calor ardiente y a las sequías.

Los *Chacs* tienen multitud de nombres, según sus diferentes advocaciones. De acuerdo con la dirección del mundo que ocupaba un *Chac*, recibía un título especial; así, tenemos a *Chac Xib Chac*, el del color rojo, que era el *Chac* del este; *Sac Xib Chac*, el del color blanco, que era el *Chac* del norte; *Ek Xib Chac*, el del color negro, que era el *Chac* del oeste y *Kan Xib Chac*, el del color amarillo, que era el *Chac* del sur. Al jefe de los *Chacs*, se le conocía como *Kunku Chac*, pero existían además otros nombres como 'El *Chac* celeste con la jarra', refiriéndose a la vasija portadora de agua y 'El *Chac* celeste que trae los relámpagos'.

En la época de sequía, se consideraba que los Dioses de la Lluvia principales, residían en *chun caan*, 'al pie del cielo' en tanto que los diosecillos menores, vivían en el bosque y ocupaban cenotes y cuevas. En el *Códice Dresde*, hay escenas con *Chacs* dentro de los mismos. Aquí, viene al caso recordar que las víctimas arrojadas a los cenotes en honor de los dioses de la Lluvia, se suponía que éstos las recibían y conversaban con ellos; si por algún milagro sobrevivían, podían dar a conocer los augurios dados por los dioses para los años venideros.

A los *Chacs* los adoraban todas las clases sociales, desde los reyes y nobles, hasta los humildes campesinos. No debe extrañarnos, por ello, que en los pueblos continúen las ceremonias antiguas, realizadas para invocarlos en las terribles épocas de sequía. Tenemos descripciones respecto a esas ceremonias, de quienes en los años treinta, las pudieron observar. Para empezar, se pide al *hmen*, quien conoce las plegarias, que dirija el *ch'achac* o ceremonial. Se construye un altar con cuatro soportes bifurcados, y se cubre de hojas. Durante los tres días que dura esta ceremonia, se evitan los contactos sexuales, como vía de purificación. Así mismo, para lograr ésta, los hombres acompañan al *hmen* a un cenote donde llenan sus guajes con agua 'virgen', es decir, no contaminada por la presencia de mujeres. Para el tercer día todo está listo y la ceremonia llega a su clímax; éstas han cocinado todo tipo de viandas a base de maíz, que se ofrecen a los dioses; se ofrece también una bebida llamada *balché* y sacrifican muchas gallinas.

Un aspecto singular del ritual, consiste en amarrar un niño a cada poste del altar, para que imite el croar de las ranas y atraer así la lluvia por una especie de magia. Esto se explica, porque los *Chacs* tienen un lazo estrecho con las ranas. Así, lo podemos ver en la página 31a. del *Códice Madrid,* en la cual se pintaron cuatro de las mismas que lanzan chorros de agua. Estas ranas rodean a un Chac que así mismo arroja agua.

La ceremonia de súplica para que llueva, culmina cuando el *hmen*, arrodillado ante el altar, reza a los dioses, mientras sus ayudantes rocían en él *balché* y queman incienso. Se consagran, una a una, las ofrendas de alimentos y todos se retiran después, para dejar que los dioses desciendan y participen de lo ofrendado. Por último, la comida se divide entre los asistentes y se organiza una gran fiesta.

Los Dioses del Viento

A los Dioses del Viento, se les asocia íntimamente con los de la Lluvia, los *Chacs* y, entre algunos grupos mayenses, existe la creencia de que los vientos están bajo el control de ellos. Cuando los campesinos mayas van a proceder a quemar la milpa, le rezan al viento para que propague las llamas.

El Dios del Maíz

Entre las esculturas más hermosas de los mayas, tenemos la que representa la cabeza del joven Dios del Maíz, procedente de Copán, en Honduras. Como es común en las imágenes de esta deidad, se trata de un individuo de extraordinaria belleza, en la plenitud de su fuerza y juventud. Es característico, además, que de la parte superior de la cabeza del dios, emerjan hojas de maíz y mazorcas. En los famosos murales de Bonampak, se pintó una representación de esa deidad en un lugar prominente, por ser la figura central de un grupo de danzantes.

En los códices, puede aparecer con el signo del maíz, *kan*, en su tocado. Su presencia, es fundamental en muchos de los almanaques augurales de estos antiguos manuscritos; así, ocupa el tercer lugar en la lista de los dioses representados con mayor frecuencia. En la lámina 34a. del *Códice Dresde*, se dibujó una escena de sacrificio en la cual al Dios del Maíz se le ha decapitado. Esta ceremonia se acompaña por músicos que tocan dos tipos de tambores, una flauta y sonaja. Alrededor, se colocaron las ofrendas para las deidades: tamales de guajolote, copal y lo que parece ser una iguana.

Al Dios del Maíz, se le consideraba como un dios benéfico que traía prosperidad y abundancia, pero tenía muchos enemigos, tal como los tiene la planta del maíz, Contra éstos, entre ellos la sequía, la lluvia demasiado abundante, los huracanes y roedores, llevaba a cabo una lucha continua. En

Yum Kaax,
Dios del Maíz.

ésta, el hombre jugaba un papel fundamental, pues por medio de sus tareas incesantes en el campo, ayudaba a la planta del maíz a desarrollarse.

Los Dioses de los Comerciantes, Guerreros y de otras ocupaciones

Los Dioses de los Comerciantes. Un testimonio de la importancia del comercio en la vida de los mayas, es la veneración que se tenía a los Dioses de los Mercaderes. Parecen haber existido cinco de ellos, diferenciados por los colores de sus cuerpos. El más importante, se llamaba *Ek Chuah*. A este dios, se le pintó generalmente de negro, con excepción de una zona roja alrededor de los labios y del mentón. Se caracteriza, además, por una nariz muy grande y un labio grueso y colgante. Como es patrono de los mercaderes, muestra su carga en la espalda, y lleva un báculo en una mano, objeto que todos los comerciantes itinerantes, solían ostentar. No es de extrañar que esta deidad, sea así mismo Dios del Cacao, puesto que las semillas de ese fruto se aceptaban como moneda en el México prehispánico.

Según nos narra Fray Diego de Landa, los mercaderes llevaban a cabo una ceremonia antes de dormirse, para asegurar así la protección del dios durante sus travesías. Dicha ceremonia, consistía en colocar tres piedras sobre las cuales quemaban incienso. Esta costumbre la tenían los mayas, en común con los habitantes del altiplano central de México, ya que los comerciantes mexicas solían hacer una ceremonia semejante.

Los Dioses de los Guerreros. Sabemos que entre los grupos mayas, eran muy frecuentes las guerras. Repetidas veces, se nos ofrecen escenas de violencia y muerte en su escultura y pintura. A los dioses de la guerra se les dibujó, en los códices, con líneas negras que rodean parcialmente a los ojos, que se prolongan hacia abajo, sobre las mejillas. En esos manuscritos, los acompaña de vez en cuando el Dios de la Muerte, *Ah Puch*, sobre todo en escenas de sacrificios humanos. Puede aparecer también uno de estos dioses, con una antorcha en la mano, en el momento de quemar una casa o un templo.

Landa describe una ceremonia en el mes llamado *Pax*, en honor de un dios llamado *Cit Chac Coh*, que se traduce como 'Padre Gran Puma', ceremonia que llevaban a cabo los guerreros, para lograr la victoria en las batallas.

Los Dioses de la Apicultura. Uno de los principales productos del comercio de Yucatán, era la miel. Como reflejo de ello, se dedican, a la apicultura varias páginas del *Códice Madrid*. En éstas, se pintaron las abejas, colmenas, los dioses con antenas y las ofrendas para éstos. Es posible, además, que el conocido Dios Descendente, esculpido en los edificios de Tulum y otros centros ceremoniales de la costa este de la península de Yucatán, sea uno de los dioses relacionados con las abejas. Entre los actuales mayas de Yucatán, se nombra *Xmulzencab* a los Dioses de la Apicultura, que participan en una historia de la creación contenida en el *Chilam Balam*, de Chumayel. En esta historia, se les asocia con los rumbos cósmicos y los colores blanco, negro, rojo y amarillo, correspondientes a esos rumbos.

Los dioses llamados *bacabs*, se vinculaban así mismo con las abejas, y se celebraba un gran festejo organizado por los dueños de las colmenas, en honor de esos dioses. Durante dicho festejo, se tomaba *balché*, bebida hecha con miel, en grandes cantidades.

Los Dioses de los Escribas y los Artífices. Se les identifica como tales porque llevan pinceles para escribir, pequeños recipientes para la pintura, utensilios para labrar la madera, y lo que parecen ser códices plegados. Se supone también que son los dioses de los cálculos matemáticos.

Cuando se les representa, aparecen como gemelos, y las autoras del libro *The Blood of Kings*, les llaman 'Los escribas monos gemelos'. Según estas autoras, dichos dioses son los modelos originales de *Hunbatz* y *Hunchuen*, los hermanos mayores de los gemelos divinos del *Popol Vuh*, llamados *Hunahpú* e *Ixbalanqué*. Estos *Hunbatz* y *Hunchuen*, se convirtieron en monos porque atormentaban a sus hermanos menores, y de ahí que uno de ellos muestre la cara de un mono aullador, aunque su cuerpo, es el de un humano. Otros rasgos característicos de él, son un tocado en forma de turbante y la oreja de un venado. El otro hermano, puede tener rostro de mono o ser totalmente antropomorfo. Tiene además una rama de árbol, que surge debajo de su brazo; dicha rama muestra puntos y barras; de ahí que se asocien estos dioses a los números. Al igual que su hermano, ostenta la oreja de un venado.

En el *Popol Vuh*, se dice que *Hunbatz* y *Hunchuen* eran grandes sabios, adivinos y artistas. Entre las artes que practicaban, se mencionan la pintura, escultura, música y el canto.

El Dios de los Reyes Bolon Dzacab. En muchas estelas, es común que el rey porte, en una mano, el llamado cetro maniquí. Se trata de una figura muy pequeña con cuerpo humano y rostro fantástico. Con frecuencia, una de sus piernas adopta la forma de una serpiente. La razón de que los gobernantes lleven este cetro, obedece a que *Bolon Dzacab*, protegía a la clase gobernante. Estaba asociado también al sacrificio y autosacrificio. Aunque el cetro maniquí aparece en todo tipo de ritos, se usó en especial en la ceremonia del ascenso al trono.

Uno de los rasgos principales de *Bolon Dzacab* es que lleva, en la frente, un tubo alargado del cual salen volutas que simbolizan humo. Este objeto se puede reemplazar con un cigarro o antorcha humeante. Otros nombres con los cuales se le conoce, son: el Dios del Espejo Humeante, Dios K y Dios del Espejo de Obsidiana.[18]

---

[18] Schele y Miller, *op. cit.*

Ah, Puck,
Dios de la Muerte.

Los Dioses del Inframundo

En los códices, es fácil reconocer a los Dioses del Inframundo, ya que se les ilustra con rostros calavéricos y la columna vertebral y las costillas al descubierto. Los adornos que llevan, se reducen a cascabeles y a los ojos de los muertos. Suelen representarse también con una calavera en vez de rostro, el vientre abultado y las extremidades exageradamente delgadas. Un símbolo asociado a los Dioses de la Muerte, es un signo similar al que usamos para el porciento (%). Esos dioses, desempeñan un papel importante en la religión maya, puesto que los encontramos frecuentemente en los códices. Las Deidades de la Muerte son las únicas, junto con *Itzamná*, cuyos nombres se componen de dos glifos. El primero, es la cabeza de un muerto con los ojos cerrados, y el segundo una cabeza con un cuchillo de pedernal para el sacrificio.

Había un gran número de Dioses de la Muerte, cada uno tenía su nombre particular y sus atributos singulares. El principal, parece haber sido *Ah Puch*, deidad malévola que presidía en el inframundo junto con su consorte. Otros dioses eran: *Yum Cimil*, Señor de la Muerte y *Cizin* (nombre relacionado con la peste de los cadáveres. A estos dioses, se les asociaba con el sur y el color amarillo, y sus acompañantes, eran el perro y la lechuza.

El Dios Jaguar del Inframundo. Una representación famosa de esta deidad, es la que se esculpió al centro del tablero del Templo del Sol, en Palenque. Los rasgos singulares de esta deidad, son: las cejas lobuladas, los dientes frontales afilados, ojos en forma de espirales, el pelo amarrado semejando un nudo sobre la frente, las orejas de jaguar colocadas arriba de las orejeras, y un diseño trenzado, dispuesto entre los ojos. En ese tablero, aparece labrado sobre un escudo, al igual que en otros sitios, por lo que se cree tenía nexos con la guerra. Se considera además que es el Sol cuando viaja en la noche por el inframundo.

Los gemelos divinos del Popol Vuh

A todos nos gusta oír cuentos de aventuras, y podemos imaginarnos a los mayas escuchando con deleite el mito de los jóvenes héroes, que forma una parte fundamental del libro llamado *Popol Vuh*.

Los héroes, llamados *Hunahpú* e *Ixbalanqué*, eran hermanos gemelos y, por su nacimiento mítico, podemos saber que se trataba de seres divinos. El padre y el tío de estos hermanos, sucumbieron ante los genios del mal, que habitaban en el inframundo. Al padre le cortaron la cabeza y colocaron en un árbol. Una muchacha, movida por la curiosidad, fue a ver el árbol y esa cabeza le escupió en la palma de la mano, quedando embarazada. Los jóvenes crecieron y querían vengar la muerte de sus familiares, por lo que decidieron dirigirse al inframundo conocido como *Xibalbá*. Ahí pasaron por una serie de pruebas. Entre ellas, una que consistía en que tenían que mantener encendidos, durante toda la noche, unos cigarros y leños. En esta prueba habían fracasado, tanto el padre como el tío, ya que los cigarros y los leños, se consumieron. *Hunahpú* e *Ixbalanqué*, se las ingeniaron para salir victoriosos de esa prueba, pues no los encendieron, sino que les pusieron plumas rojas y luciérnagas en las puntas, y así engañaron a los dioses malignos.

En otra prueba, tenían que cortar flores blancas, rojas y amarillas. Estas flores, estaban estrechamente vigiladas por guardianes. Nuestros héroes pidieron la ayuda de las hormigas y, durante toda la noche, éstas trabajaron incesantemente, trayendo las flores a los cuencos que debían llenarse, sin que los guardias se dieran cuenta.

Muchas otras pruebas, tuvieron que pasar en la Casa del Frío, en la de los Tigres, en la del Fuego y en la de los Murciélagos, además de enfrentarse varias veces con los señores del *Xibalbá* en el juego de pelota.

Después de haber salido vencedores de todas las pruebas del inframundo, los hermanos debían morir, y así sucedió, ya que los de *Xibalbá* hicieron una gran fogata y *Hunahpú* e *Ixbalanqué*, se arrojaron a ella, pero resucitaron y cuando regresaron, llevaron a cabo ciertos bailes, logrando engañar, con sus artes de magia, a los dioses del mal. El mito terminó cuando los héroes subieron al cielo y uno se transformó en el Sol y el otro en la Luna. Un tema predilecto de los pintores de las vasijas mayas del periodo Clásico, es la escena en que los gemelos bailan y divierten a los Dioses del Inframundo.

Según la autora Mercedes de la Garza, en el libro *Mitos cosmogónicos del México indígena*, este mito no sólo relata el origen del Sol y de la Luna, sino que expresa también la significación del juego de pelota, como la lucha de los contrarios, es decir, el nivel celeste y el de la vida terrestre, en contra del inframundo y de la muerte. Para esa autora, el juego de pelota en Mesoamérica, fue al principio un rito de iniciación que después, con el transcurso del tiempo, sufrió cambios en sus funciones y propósitos.

Este mito, es importante así mismo porque en él, se basa la creencia de que los reyes mayas, por ser de origen divino bajaban al *Xibalbá* después de muertos, y vencían a los Dioses del Inframundo logrando su apoteosis. Según Schele y Miller, en el tablero del Templo XIV de Palenque, se representó precisamente el regreso triunfante del rey Serpiente Jaguar del *Xibalbá* donde había logrado derrotar a los Señores del Inframundo. En ese tablero se le muestra bailando victorioso, tal como cabe suponer que hicieron los gemelos divinos del *Popol Vuh*.[19]

El culto a los antepasados

Tenemos pruebas que este culto existió, por lo menos, desde el periodo Clásico y puede considerarse como un aspecto fundamental de las creencias mayas antiguas.

[19] *Ibid.*

Gracias a los adelantos en la lectura de los textos mayas, se sabe que algunos de los reyes de las dinastías más importantes del periodo Clásico (250-900 d.C.), se creían descendientes de antepasados míticos; entre ellos figuran reyes famosos, como Escudo Jaguar, de Palenque, Pájaro Jaguar, de Yaxchilán, y Caparazón de Tortuga, de Piedras Negras. Debido a la habilidad de los astrónomos mayas de hacer cálculos en millones de años y poder representar estos cálculos con glifos, los reyes podían situar la existencia de sus antepasados en tiempos míticos muy remotos.

Para el Posclásico Tardío (1250-1546 d.C.), existen noticias recogidas por el fraile Diego de Landa, en Yucatán, sobre el culto a los ancestros, existente entre las familias de linaje real, como la de los cocomes. Por la importancia de esos datos, presentamos a continuación, la copia textual de sus observaciones:

"A los antiguos señores Cocom , habían cortado las cabezas cuando murieron, y cocidas las limpiaron de la carne y después aserraron la mitad de la coronilla para atrás, dejando lo de adelante con las quijadas y dientes. A estas medias calaveras suplieron lo que de carne les faltaba con cierto betún y les dieron la perfección muy al propio de cuyas eran, y las tenían con las estatuas de las cenizas, todo lo cual tenían en los oratorios de las casas, con sus ídolos, en gran reverencia y acatamiento, y todos los días de sus fiestas y regocijos les hacían ofrendas de sus comida para que no les faltase en la otra vida donde pensaban que sus almas descansaban y les aprovechaban sus dones".[20]

Los etnólogos, han obtenido datos acerca de ancestros deificados en grupos mayenses actuales, especialmente entre los tzotzil. A esos ancestros les llaman 'padres y madres', y se supone que viven en las montañas sagradas cercanas a sus pueblos. Se cree que estos antepasados, pueden castigar o premiar a los individuos según su comportamiento.

[20] Landa, *op. cit.*, pp. 59 y 60.

Los hombres suplican
a los dioses

Oraciones y ofrendas

Los mayas eran animistas, es decir, creían que todo lo que les rodeaba tenía un espíritu que podía ayudarlos en su vida o, al contrario, podía ejercer una influencia negativa. Las oraciones se dirigían no sólo a los dioses, sino también a los árboles, las plantas, los animales, cerros, etcétera. Las súplicas eran, por lo tanto, abundantes y muy frecuentes.

Se ha conservado un número considerable de oraciones en las lenguas mayanses. Algunas de éstas, son de súplica, otras para dar gracias a los dioses y otras de alabanza.

En el *Popol Vuh*, encontramos este hermoso ejemplo de una oración:

"¡Oh tú, hermosura del día! ¡Tú, Huracán; tú, Corazón del Cielo y de la Tierra! ¡Tú, dador de la riqueza, y dador de las hijas y de los hijos! Vuelve hacia acá tu gloria y tu riqueza; concédeles la vida y el desarrollo a mis hijos y vasallos; que se multipliquen y crezcan los que han de alimentarte y mantenerte; los que te invocan en los caminos, en los campos, a la orilla de los ríos, en los barrancos, bajo los árboles, bajo los bejucos."[21]

Al igual que las oraciones, las ofrendas eran también muy abundantes. Existía la creencia general de que a los dioses les gustaban los regalos, es decir, que les ofrendaran todo tipo de cosas. La posición económica y social

---

[21] *Popol Vuh*, 1952, p. 156.

del individuo determinaba, en gran medida, el tipo de ofrenda. El campesino ofrecía comida, copal y *balché*; el noble, objetos de jade, obsidiana, hueso y concha.

Es muy común encontrar ofrendas para los dioses, debajo de los edificios y las estelas. En estos casos, las ofrendas son de alta calidad e incluyen, en la mayor parte de ellas, vasijas pintadas, objetos de obsidiana, y hasta mosaicos hechos de turquesa o jade.

Esta costumbre, que no es exclusiva de los mayas, estaba muy generalizada en Mesoamérica; así, se han encontrado muchas ofrendas en Monte Albán, en la zona zapoteca, y qué decir de los numerosos objetos desenterrados hace poco en el gran Templo Mayor de Tenochtitlan.

Las ofrendas procedían de los tres reinos: vegetal, animal y mineral. Entre las ofrendas vegetales tenemos el maíz, cacao y copal usado para el incienso. Gustaban también de ofrendar flores y ramas, sobre todo del árbol llamado *habin*. Del reino animal, ofrecían comúnmente guajolotes, perros, venados, iguanas, pescados y, en ocasiones especiales, animales más difíciles de obtener, como jaguares, pumas y cocodrilos. Mencionamos ya algunos objetos de origen mineral como el jade, la obsidiana y turquesa, pero a éstos hay que agregar el cobre y los espejos de pirita.

Ceremonias

Para el hombre maya, el año era un suceder casi continuo de ceremonias, sobre todo si se toma en cuenta que antes de cada una de ellas transcurría un lapso para los preparativos. Este podía variar, pero en él se ayunaba generalmente y evitaban los contactos sexuales, para lograr así la purificación ritual. Esta era fundamental porque de ella dependía el éxito o fracaso del ceremonial.

En las ceremonias, se llevaban a cabo diversas actividades. Las mujeres se encargaban de preparar la comida que, en algunos casos, requería de ciertos platillos especiales. Junto con la comida, se preparaba la bebida *balché*. Durante las festividades se practicaba el canto y baile, las plegarias y la quema de incienso. Muy importantes se consideraban el autosacrificio y sacrificio. El primero, consistía en pasarse púas o cuerdas en partes tan sensibles como la lengua, los lóbulos de las orejas y los órganos genitales. El sacrificio podía ser de animales o humanos.

El *Popol Vuh*, se refiere en numerosas ocasiones a las actividades ceremoniales; así, nos dice lo siguiente del autosacrificio:

"Luego se punzaban las orejas y los brazos ante la divinidad, recogían su sangre y la ponían en el vaso".[22] En otro pasaje, se habla del ayuno y las ofrendas:

"Ayunaban mucho tiempo y hacían sacrificios a sus dioses... Nueve hombres ayunaban y otros nueve hacían sacrificios y quemaban incienso. Trece hombres más ayunaban, otros trece hacían ofrendas y quemaban incienso..."[23]

Así como nosotros celebramos nuestras festividades en ciertos días del año, las fiestas y rituales de los mayas se llevaban también a cabo en determinados días y meses, según sus dos calendarios. Gracias al fraile Diego de Landa, tenemos una gran riqueza de información acerca de esas fiestas y rituales de los mayas de Yucatán. Se realizaban grandes ceremonias, dedicadas algunas a todos los dioses, y otras, en honor de un solo dios en algunos casos, relacionados con determinadas actividades. Entre éstas, tenemos la actividad realizada por los cazadores, para propiciar a los dioses de la caza, y lo mismo la de los pescadores que celebraban a los dioses de la pesca. También los dueños de colmenas y los propietarios de los plantíos de cacao, tenían sus propios rituales. Landa menciona hasta los nombres de las danzas que formaban parte de las fiestas.

La ceremonia más importante, era la que marcaba el inicio del año nuevo, que se realizaba en todas las comunidades, durante el periodo llamado *Uayeb*, que comprendía los cinco días considerados de mala suerte, que finalizaban el año anterior.

El culto en las cuevas

Las cuevas han tenido siempre algo de misterioso. Al entrar en ellas, se penetra en un mundo diferente, obscuro y húmedo. Nuestro sentido de orien-

---

[22] *Ibid.*, p. 128.
[23] *Ibid.*, p. 155.

tación, nos falla y rodean formas fantásticas. Las cuevas fueron para los mayas un medio de acercarse a las entrañas de la 'madre tierra', y se consideraba que, a través de aquéllas, entraba uno al inframundo. Es de gran interés, visitar las cuevas de Loltún y de Balankanché, en Yucatán, por la belleza de las formaciones rocosas y los testimonios del culto que se llevaba a cabo en ellas.

Impresiona, en la cueva de Loltún, el magnífico bajo relieve labrado a un lado de la entrada a la citada cueva. Se trata de un bajorrelieve muy antiguo, que se ha fechado en el Preclásico Tardío (300 a.C. a 250 d.C.), y representa a un personaje lujosamente ataviado y acompañado de una fecha que no se ha podido interpretar. El personaje lleva una lanza en una mano, por lo cual se ha identificado como un guerrero, pero sería posible que estuviera relacionado con alguna deidad. Dentro de la cueva, hay otras manifestaciones de su uso como lugar sagrado, por ejemplo, manos pintadas y figuras esculpidas, entre ellas, caras humanas y diseños geométricos. Gracias a los restos de cerámica, se sabe que la utilización de la cueva, llegó a su culminación en el Clásico Tardío (600-900 d.C.).

La cueva de Balankanché, cerca de Chichén-Itzá, se conocía desde hace muchos años, pero un descubrimiento hecho en 1959 aumentó su interés para el visitante. En ese año, se descubrió una cámara sellada que contenía gran cantidad de ofrendas dispuestas alrededor de una hermosa estalagmita, cuya forma se asemeja a un tronco de árbol. Las ofrendas consistían principalmente en vasijas, objetos labrados y joyas que se dejaron en su lugar original, a fin de que el visitante pueda conocer el tipo de culto realizado en esa cueva. En otra parte, aparecieron metates y manos miniatura.

Las cuevas no se usaron únicamente para el culto a los dioses de la tierra, sino también para los del agua. Muchas ceremonias requerían de lo que se ha llamado agua 'virgen', es decir, no contaminada con la presencia de mujeres; esta agua, se podía obtener en las cuevas, ya que al filtrarse por los techos de las mismas, se purificaba.

El autosacrificio y los sacrificios

Se ha mencionado ya que los indígenas del México antiguo, consideraban como una obligación sagrada y primordial, adorar continuamente a sus dioses y presentarles la ofrenda más preciosa: sangre humana. Para ofrendar su

Representación de un sacrificio humano, realizado por personajes maya-toltecas. La escena está grabada en un disco de oro extraído del Cenote Sagrado de Chichén Itzá.

propia sangre, el individuo se perforaba varias partes del cuerpo con objetos punzocortantes. La sangre caía sobre papeles que más tarde se ofrendaban, o se recogía en platos con la misma finalidad. Es fácil imaginar el dolor agudo, causado por esta práctica llevada a cabo, tanto por el rey y los nobles, como por todas las demás clases sociales. Como éste tenía vínculos íntimos con las deidades, era imprescindible que en todas las ceremonias importantes de su vida, practicase el autosacrificio. Como testimonio de ello, hay múltiples representaciones en escultura y pintura que muestran el momento en que los grandes dignatarios, se autosacrifican. A veces, la pérdida de sangre, aunada a los ayunos, permitía a la persona tener alucinaciones durante las cuales veía a sus dioses y ancestros.

Entre los mayas, los ciclos del tiempo eran muy importantes y al final de los mismos, era la costumbre practicar el autosacrificio, pero lo llevaban también a cabo cuando se dedicaba un templo, nacía una persona, se casaba o moría, y en todos los rituales relacionados con la agricultura.

Por mucho tiempo, se pensó que los mayas practicaban el sacrificio humano raras veces, pues se les quería ver como gente pacífica, dedicada a menesteres espiritualmente elevados, como el estudio y la observación de los astros. Pero los mayas, como todos los otros grupos mesoamericanos, tenían guerras frecuentes con toda la violencia que esto implica, y así mismo sacrificaban a los prisioneros, aunque no con la frecuencia con que solían hacerlo los mexicas.

Las fuentes históricas describen los distintos tipos de sacrificios. Uno de ellos, consistía en abrir el pecho de la víctima para sacarle el corazón y ofrendarlo a los dioses. En otro tipo de sacrificio, narrado con detalles por fray Diego de Landa, se flechaba a la víctima. Se pintaba primeramente de azul el cuerpo de la misma, señalando con color blanco el lugar del corazón. La gente bailaba alrededor de la víctima, amarrada a un poste o a un armazón de madera. El sacerdote hería el órgano sexual del candidato al sacrificio, y después lo flechaban los danzantes.

En Chichén-Itzá, hay pruebas del sacrificio por decapitación, ya que en los relieves del juego de pelota, el capitán de un equipo lleva en una mano la cabeza del capitán rival, mismo que aparece arrodillado y con serpientes surgiendo del cuello, simbolizando la sangre. Es bien sabido que el cenote sagrado de este mismo lugar, era el foco de rituales que incluían arrojar víctimas a sus aguas profundas. Con frecuencia, se trataba de niños, pero se arrojaban también adolescentes y adultos. Se creía que éstos podían conversar con los *chacs* que estaban en el fondo del cenote. Si sobrevivía alguno, lo que no era común que sucediera, podía traer los mensajes de los dioses para el pueblo, mensajes referentes sobre todo a las buenas y malas cosechas de los años venideros.

Las costumbres funerarias

Es impresionante la cantidad de entierros de gran riqueza, hallados en el área maya. El más conocido, es el de la tumba del Templo de las Inscripciones, de Palenque, pero hay otros también muy importantes, como es el entierro del Templo I de Tikal.

Esta tumba pertenece al Clásico Tardío (600-900 d.C.), y en ella se depositó el cadáver de un gran rey de Tikal. La cámara funeraria, se descubrió a seis metros debajo de la plaza principal, y a un nivel inferior al basamento piramidal. Dentro de la cripta, sobre una banqueta, yacía el esqueleto con joyas de jade, como collares, orejeras, pulseras y tobilleras; se dejaron, también junto al rey, varios platos pintados con gran esmero, que posiblemente contuvieron comida. Se encontraron, además, 90 objetos de hueso, algunos con escenas y glifos grabados. Según los arqueólogos encargados del descubrimiento, el cuerpo del rey fallecido, se había recostado sobre una estera tejida con flecos de cuentas de jade y conchas de ostras.[24]

La práctica de enterrar a los reyes debajo o dentro de los basamentos piramidales, fue muy común entre los mayas. La cantidad de objetos descubiertos en tumbas, es verdaderamente innumerable y de una variedad extraordinaria.

Como es de suponer, los entierros de gran riqueza eran sólo para los gobernantes y nobles. La gente del pueblo, tenía entierros mucho más modestos. Las sepulturas se hacían dentro de las casas que, usualmente, se abandonaban después.

Para el periodo Posclásico (900-1540 d.C.), en la zona yucateca, tenemos noticias que a los grandes señores se les incineraba, y sus cenizas se depositaban en vasijas o, según relata Landa, en estatuas hechas de barro o madera. Dichas estatuas las colocaban junto a sus ídolos, para hacerles ofrendas y homenajes.

[24] Coe, W., 1967.

La sabiduría de los mayas

Los ciclos sagrados del tiempo y su cómputo

¿Por qué tenían los mayas tal obsesión por medir el tiempo? Una de las respuestas, es que la noción del tiempo entre los mayas era cíclica, es decir, los mismos sucesos se repetían en ciertos ciclos. Por lo tanto, conocer el pasado permitía darse una idea de lo que sucedería en el futuro. Investigaciones recientes en la escritura maya, han brindado otra alternativa. Ahora, sabemos que los reyes querían glorificarse y, en cierta forma, eternizarse por medio de las estelas y otros monumentos en los que aparecen sus nombres y los acontecimientos primordiales de sus vidas. Había necesidad de un calendario exacto para poder registrar, con el día, mes y año, el ascenso del rey al trono, sus victorias en las batallas y, naturalmente, los días de su nacimiento y muerte. Veamos con qué tipos de calendarios contaban los mayas para lograr todo esto.

De gran antigüedad en Mesoamérica, es la existencia de dos calendarios. El primero, usado para tratar asuntos relacionados con la vida diaria y la agricultura, se dividía en 18 meses de 20 días cada mes, que multiplicados resultan 360 días a los que se agreaban cinco más para completar los 365 días del año. Este año secular, se llamaba *haab* entre los mayas, y a los cinco días que se agregaban, se les conocía como *uayeb*. Cada mes tenía su nombre y festividades específicas en honor de determinados dioses.

El otro calendario era una especie de almanaque adivinatorio u horóscopo que empleaban los sacerdotes para predecir el futuro y determinar qué días serían afortunados y cuáles aciagos. Ese calendario estaba formado por 20 días que combinándose con numerales del 1 al 13 y multiplicados, dan 260 días. Entre los mayas, se llamaba *tzolkin*.

Los mayas crearon un perfecto calendario de 18 meses de 20 días cada uno, completándolo con 5 días aciagos. Estos glifos representan los meses del año maya.

Cuatro de los signos de los días, se usaban para representar los años dentro del ciclo calendárico de 52 años, que resulta de la combinación de los dos calendarios. En el mundo clásico maya (250-900 d.C.), estos cuatro signos o "portadores de años", eran *Ik*, *Manik*, *Eb* y *Caban*. Para el periodo Posclásico, habían cambiado quizás por cómputos erróneos.

La llamada cuenta larga o serie inicial, se originó antes del apogeo de la cultura maya, pero los mayas la llevaron a su refinamiento máximo. En este tipo de calendario, se establece una fecha inicial y de ahí se inicia el cómputo del tiempo, tal como nosotros contamos desde el nacimiento de Cristo. Los mayas escogieron el año 3114 a.c. como fecha inicial que pudo marcar, para ellos, la última creación del mundo, es decir, una fecha mítica.

Para contar los periodos transcurridos del tiempo, los mayas empleaban un sistema vigesimal. Al día lo llamaban *kin* y al periodo de vente días, *uinal*. El año era *tun* y el siguiente ciclo, era el *katun*, de 7200 días (360 x 20). El *baktun* comprendía 144000 días y, por lo general, era el periodo más largo que aparecía en las inscripciones. Con cada ciclo llegaba un dios que podía influir, de manera benéfica o maléfica, en los días comprendidos dentro del ciclo. Las fechas de la cuenta larga, pueden encontrarse fácilmente en los monumentos labrados, pues se colocan siempre al comienzo de las hileras de glifos que componen los textos mayas.

Cada ciclo tiene un glifo que lo representa y, para los números acompañantes, se usa la numeración de puntos y barras. Hasta hoy, el monumento más antiguo con una fecha de la cuenta larga, es la estela 2 de Abaj Takalik, fecha que corresponde al año 38 a.C., mucho antes del denominado periodo clásico de la cultura maya.

En las inscripciones calendáricas aparece, en la parte superior, un glifo de gran tamaño, que es el glifo introductor compuesto del signo del año con sus afijos y del glifo de la deidad que preside el mes correspondiente. Debajo se colocan, en hileras, los glifos de los periodos de tiempo transcurridos, acompañados por barras y puntos. Veamos, como ejemplo, la inscripción de la estela E de Quiriguá. En el glifo introductor, se incluyó al dios que es, en este caso, el del mes *Cumkú*. Después tenemos nueve *baktunes* (nueve periodos de 144000 días), 17 *katunes* (17 periodos de 7200 días), 0 *tunes* (0 periodos de 360 días), 0 *uinales* (0 periodos de 20 días), 0 *kines* (0 periodos de un día) y el día 13, *Ahau,* todo lo cual equivale al año 771 d.C.

Aparte de esta serie, se incluye otra que forma la parte inferior de la inscripción de la estela. A esta otra serie, se la conoce como serie suplementaria, la cual nos da la edad de la luna, posición del mes lunar y el glifo del mes que ya anotamos, el del mes *Cumkú*, dentro del calendario solar. Lo que es extraordinario, es que los mayas no sólo combinaban sus diversos calendarios a la perfección de tal manera que, como ya se dijo, podían indicar una fecha exacta dentro de su historia, pero así mismo, quizá por sus afanes proféticos, computaban millones de años en el pasado. Según nos dice J. Eric Thompson:

GLIFO INTRODUCTORIO

SERIE INICIAL
FECHA DEL TZOLKIN: 13 Ahau

SERIE SUPLEMENTARIA
FECHA DEL HAAB: 18 Cumku

Estela E de Quiriguá, Guatemala. En las estelas esculpían los mayas las fechas correspondientes a los acontecimientos importantes.

Figurilla de barro que representa a una mujer maya con un huso. Isla de Jaina, Campeche

Personaje maya. Simojovel, Chiapas.Museo Nacional de Antropología

El esplendor de la ciudad de Palenque se produjo durante el periodo Clásico Tardío (600-900 d.C.)

Máscara de jade.
Fue encontrada sobre
el sarcófago en la
tumba del Templo de
las Inscripciones.
Palenque, Chiapas,
Museo Nacional de
Antropología

El Caracol-Observatorio
Astronómico.
Chichén Itzá, Yucatán

Brasero ceremonial
que representa a un
sacerdote de Chac,
dios de la Lluvia.
Procede de Mayapán,
Yucatán.
Museo Nacional de
Antropología

Templo de los Guerreros
con una parte del grupo
de las Mil Columnas.
Chichén Itzá, Yucatán

Arco maya y entrada al Palacio del Gobernador.
Uxmal, Yucatán

Enfrente: El Castillo vistos desde la entrada al Templo de
los Guerreros; en primer término las bellas columnas
esculpidas con forma de serpiente y el Chac-Mool.
Chichén Itzá, Yucatán

El Palacio del Gobernador. Uxmal, Yucatán

La fachada del Codz-Pop de Kabáh esta casi en su totalidad cubierta con representaciones de Chac. Yucatán

El Gran Palacio. Sayil, Yucatán

En un papel del Templo de los Guerreros de Chichén Itzá, emerge de las fauces de una serpiente emplumada una cabeza humana que simboliza a Kukulcán, la interpretación maya de Quetzalcóatl

El Arco de Labná, Yucatán; un bello ejemplo de la arquitectura maya

Las viviendas de los campesinos mayas actuales sigue teniendo las mismas características que se aprecian en esta choza tallada en piedra en el Arco de Labná, Yucatán

Tulum, la amurallada ciudad maya, se asoma al Mar Caribe Mexicano

"En una estela de la ciudad de Quiriguá, computaciones precisas señalan una fecha de hace más de noventa millones de años y en otra estela del mismo lugar la fecha alcanzada, se remonta a cerca de cuatrocientos millones de años. Y se trata de cálculos que establecen correctamente las posiciones precisas de los días y meses..."[25]

En toda el área maya estaba muy difundida la utilización del calendario de la cuenta larga, toda vez que se han encontrado testimonios de su uso en más de 90 sitios, entre los siglos VII al VIII d.C. El gran interés que había en llevar aquél a su mayor perfección, queda demostrado por el hecho de que en Copán, tal vez hacia el siglo VI d.C., se llegó a una precisión excepcional en el cómputo del año y este descubrimiento se extendió rápidamente a las otras ciudades mayas.

Después del colapso de la cultura maya de la zona central en el siglo X, se perdió gran parte de la sabiduría por haber desaparecido los sacerdotes y escribas dedicados a los estudios y a conservar las tradiciones y los conocimientos. Se simplificó entonces la manera de computar el tiempo, y substituyó la cuenta larga por la llamada cuenta de los *katunes*, en que con un solo jeroglífico, se daba la fecha del día en que terminaba el *katún*, o sea el periodo de veinte años.

El genio maya en las matemáticas y la astronomía

El cómputo del tiempo, depende de los conocimientos matemáticos y astronómicos, y en éstos, los mayas sobresalieron en un grado verdaderamente notable.

Dos descubrimientos importantes, caracterizan las matemáticas de los mayas: el conocimiento del 0 y el sistema vigesimal de numeración, donde los números adquieren su valor de acuerdo con la posición que tienen. Esto es igual a nuestro sistema de numeración, excepto que el nuestro es decimal. Los mayas fueron, de todas las culturas conocidas en la actualidad, los primeros en inventar el cero, ya que no fue sino hasta el siglo VIII d.C. cuando los sabios indostánicos, llegaron a su conocimiento.

[25] Thompson, 1966, p. 23.

Numerales mayas de cabeza. Representan los números del 0 al 19.

Son dignos de admirarse los descubrimientos de los astrónomos mayas en cuatro aspectos. El primero, con relación a la duración del año solar, que lograron calcular con tanta precisión, que la diferencia respecto a nuestro cómputo actual, es mínima. Ahora, se sabe que el año solar dura 365.2422 días y los mayas lo calcularon en 365.2420 (aunque lo expresaran en unidades mayores, para evitar fracciones).

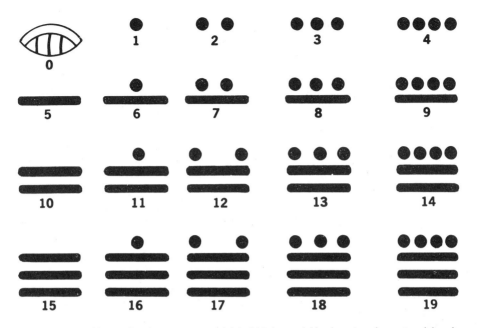

Numerales de punto y raya del 1 al 19. La posición de estos elementos daban la cantidad. El cero se representaba por una concha.

El segundo cómputo en el que lograron también gran precisión, pertenece a lo que se conoce como la revolución sinódica de Venus, es decir, que entendían a fondo el movimiento de ese planeta y sus apariciones, como la Estrella de la Mañana, la Estrella de la Tarde y cuando desaparece de nuestra vista. En el *Códice Dresde*, nos damos cuenta de la precisión de su especie de calendario venusino. De nuevo, la diferencia entre nuestro conocimiento actual y el de los mayas es mínima, puesto que sabemos en nuestros días que la revolución sinódica de Venus, es de 583.92 días y los mayas la calculaban en 584. Esta pequeña diferencia, se acumulaba a través de los años, pero los mayas habían hecho correcciones para evitar el error.

Los periodos de lunación, eran así mismo bien conocidos y éste es el tercer aspecto en el cual destaca su sabiduría. Ya vimos que en la llamada serie suplementaria de las inscripciones, se agregaba la edad del mes lunar en relación con la fecha dada. El cuarto aspecto sobresaliente de los conocimientos astronómicos de los mayas, se enlaza a todo lo anterior, ya que el estudio cuidadoso de los fenómenos celestes, aunado a su pericia en las matemáticas, los llevó a calcular los eclipses. Según Miguel León Portilla, los mayas "pudieron elaborar al fin su tabla, válida para predecir 69 posibles eclipses en lapsos aproximadamente de 33 años".[26] Para los mayas, los eclipses tenían una influencia nociva; así, en el Códice Pérez, se habla de epidemias graves por eclipses solares y lunares.

La escritura maya revela sus secretos

Durante casi 150 años, se había tratado de interpretar la escritura maya, pero los signos (con excepción de los calendáricos), eludían el afán de los epigrafistas; inclusive algunos de ellos pensaban que nunca se podrían descifrar.

Una de las razones por la que tardaron tanto en descifrar la escritura, se debió a su complejidad. La escritura maya evolucionó lo suficiente como para poder expresar en su totalidad el lenguaje hablado. No se trata, como en la escritura mexica, de pictogramas o ideogramas que funcionaban como claves para textos memorizados, y que se transmitían oralmente de generación en generación. La escritura maya es una combinación de signos que representan los sonidos de una sílaba, y signos que representan una palabra, es decir, es en parte fonética y en parte semántica, pues hace uso de ideogramas.

La dificultad de la lectura, radica en que un signo puede tener varios significados. Puede representarse también un signo en formas diferentes, ya sea por un simple diseño geométrico o por lo que se llama un signo personificado cuando toma la forma de un animal o un humano. Aun en esto último hay variedad, ya que puede aparecer sólo la cabeza del animal o del humano, o la figura completa de uno u otro.

Los glifos en los textos mayas, se disponen en pares de columnas que se leen de izquierda a derecha. Si hay más de un par de columnas, se leen por completo, es decir, de arriba hacia abajo las primeras dos hileras, y luego el siguiente par. En las inscripciones, el orden de la oración preferido por los mayas era: primero, la fecha del evento registrado, después el verbo (por ejemplo, capturar, nacer, morir) y, por último, el sujeto que sería el nombre y el título del rey o de algún otro personaje.[27]

Una observación importante, es que los mayas, creadores de este sistema de escritura, hablaban idiomas de los cuales se derivan directamente el yu-

[26] León Portilla, 1968, p. 28.
[27] Schele y Miller, *op. cit.*, p. 324.

cateco moderno y las lenguas del grupo cholano, que se hablan en la actualidad. Se ha tratado de 'reconstruir' estos idiomas ancestrales y su gramática, para ayudar así a descifrar los glifos mayas.

En cuanto al origen de esta escritura, tenemos textos de los años 100 a.C. a 250 d.C. (dentro del periodo preclásico tardío) que pueden considerarse como los antecedentes directos de la escritura maya. Estos textos están inscritos en monumentos de la zona maya sur y son: el monumento 10 de Kaminaljuyú (en los altos de Guatemala), el monumento 1 de Chalchuapa (en El Salvador), la estela 1 de El Baúl, las estelas 1, 2 y 5 de Abaj Takalik, y la estela 2, de Chiapa de Corzo (estos últimos tres sitios en la faja costeña del Pacífico, en Guatemala y México). La primera estela en que aparece la escritura maya desarrollada ya, es la llamada estela Hauberg, con fecha del 9 de octubre del año 199 d.C.

Una pregunta que surge es, ¿qué tipo de datos nos ha proporcionado la lectura de los textos mayas? la respuesta es que son informes históricos en su mayor parte, y vinculados estrechamente a las dinastías reinantes; así, por ejemplo, se ha podido establecer la genealogía de los reyes palencanos a través de 12 generaciones.

Las inscripciones mayas nos relatan los nacimientos de los reyes, sus conquistas, matrimonios y muertes. Se han podido leer también los glifos que registran autosacrificios, sacrificios de prisioneros y cuando se nombraba al heredero del trono y le presentaban a los antepasados y dioses. Para los reyes era un asunto primordial instaurar sus derechos al trono, razón por la que en las inscripciones, se incluyen los nombres de sus padres, linajes y relaciones con los ancestros divinos.

Es muy probable que el conocimiento de la escritura, se haya limitado a la clase privilegiada. Desde luego, el rey, los nobles y sacerdotes, sabrían leer y escribir, lo mismo que los artífices encargados de esculpir los monumentos, así como pintar escenas con glifos, tanto en muros, como en vasijas. Es posible que los comerciantes tuvieran también conocimientos, aunque más rudimentarios, de la escritura.

Cómo se descifraron los glifos mayas. La historia del desciframiento de la escritura maya, empieza con el fraile franciscano Diego de Landa. Este fraile es una de aquellas personalidades célebres a las cuales, es difícil juzgar; por un lado, ordenó la quema de gran número de códices pero, por el otro, escribió un libro, fundamental para el conocimiento de la cultura maya de Yucatán.

Glifo del tablero del Palacio, Palenque, Chiapas. Este glifo esculpido en piedra representa al Dios del cero y en el lado derecho a Kin, día del sol, quien tiene en su cara los tres puntos que simbolizan al Dios del Sol.

Landa llegó al Nuevo Mundo en 1549, poco después de la conquista de Yucatán. Por mucho tiempo, se dedicó a convertir a los indígenas a la nueva religión. La quema de los códices, fue en 1562, cuando tuvo lugar el auto de fe de Maní. Se le acusó posteriormente de actuar en los autos de fe sin la debida autorización, y se le ordenó regresar a España, y escribió ahí su famoso libro *Relación de las cosas de Yucatán*. Además de las noticias que proporciona sobre la cultura maya en general, son valiosos los datos que aporta sobre la escritura, ya que copió algunos glifos mayas y dio sus sonidos equivalentes en el alfabeto español; así mismo, dibujó los signos de los 20 días y 19 meses del calendario maya. El libro de Landa, puede considerarse como una enciclopedia de religión y etnología mayas.

Glifo del tablero del Palacio, Palenque, Chiapas. Otro ejemplo de glifo. El personaje de la izquierda representa al Dios del número 10, el cual lleva el tocado del Dios de la Muerte. La fantástica figura de la derecha es la representación del pájaro Katún (20 años).

Transcurrió mucho tiempo para que se lograra avanzar en el conocimiento del significado de los glifos mayas. El primer paso fue la lectura de los signos calendáricos hecha por Ernst Förstemann, en 1886. Dicho investigador era el bibliotecario de la Real Biblioteca Pública de Dresde, en la cual se conservaba el famoso *Códice Dresde*. Förstemann llegó a comprender el sistema vigesimal usado por los mayas para registrar las fechas y así, no sólo se pudieron leer los cómputos calendáricos de los códices, sino también los de las estelas y otros monumentos dispersos por toda el área maya.

Otro paso muy importante para el desciframiento de la escritura maya, lo dio el ruso Yuri Knorozov, en 1952. Este investigador se basó en el 'alfabeto' compilado por Landa, y pudo así leer fonéticamente ciertos glifos que representan sílabas. Al principio, sus interpretaciones no se aceptaron, pues muchos de los investigadores pensaban que la escritura maya era sólo ideográfica. El tiempo ha dado la razón a muchas de las interpretaciones de Knorozov, y su libro sobre glifos se ha traducido al inglés y español.

En 1958, el distinguido investigador Heinrich Berlin, observó que un cierto glifo compuesto se colocaba al final de muchos de los textos mayas y que el elemento principal de dicho glifo, variaba de lugar a lugar. Dedujo que, por lo tanto, dicho elemento se refería a un sitio determinado, o a la dinastía reinante en el mismo. A estos glifos, se les ha llamado 'glifosemblemas' y se han identificado en la mayor parte de los centros mayas que poseen monumentos con jeroglíficos.

El siguiente paso decisivo, fue el artículo publicado en 1960 por Tatiana Proskouriakoff, en el que demostraba el contexto histórico de las inscripciones mayas que, por mucho tiempo, se creía eran esencialmente calendáricas. La investigadora observó que, frente a ciertos templos de Piedras Negras, estaban colocados grupos de estelas cuyas fechas coincidían con el lapso normal de la vida de un gobernante y empezó a leer los glifos indicativos del nacimiento y ascenso de los reyes al trono.

Actualmente, falta mucho para entender en su totalidad la escritura maya (que consiste de unos 700 signos), pero día con día, se consiguen avances que arrojan datos valiosos sobre esta cultura.

Los libros rituales y proféticos, así como otros aspectos de la literatura maya

Sabemos, por los testimonios de los españoles, que los mayas tenían un gran número de libros que, desafortunadamente, fueron destruidos en su mayor parte. En la actualidad, se conservan sólo cuatro códices de la época Prehispánica: el Desde, Madrid o Trocortesiano, París y Grolier.

Los códices mayas, no se elaboraron en piel, sino en un papel obtenido de la corteza del árbol llamado *copo* entre los mayas, que es el mismo árbol del amate de la región central de México. Tales códices están doblados a manera de biombo y sus hojas se dividen, por medio de líneas rojas, en secciones horizontales. Muchas de sus hojas, muestran textos glíficos cuya lectura nos ha permitido incrementar nuestros conocimientos sobre la cultura maya.

Como hemos visto, los mayas tenían conocimientos avanzados de las matemáticas, la astronomía y del cómputo del tiempo. Por eso, encontramos en sus libros, tablas con los eclipses lunares y los ciclos del planeta Venus. Además, aparecen ilustrados en aquéllos, sus dioses principales, así como las ceremonias que se llevaban a cabo para propiciarlos.

Códice Dresde. Es el más bello de los cuatro que se conservan y el de mayor antigüedad. Es probable que se haya producido en el siglo XIII y sea quizás una copia de un manuscrito más antiguo. Tiene 39 hojas, largas y estrechas, pintadas en ambos lados. Cada una mide 20.5 m por 9 cm. El manuscrito desplegado mide 3.5 m.

Las pinturas y los glifos, están dibujados con todo cuidado y debe haberse empleado un pincel muy delgado. La línea usada es más libre, en comparación con la de los códices del altiplano central y de la región oaxaqueña. Los trazos recuerdan la escritura porque son cursivos y fluidos. La línea es de una importancia fundamental, en tanto que los colores son secundarios y, en la mayor parte de las hojas, se empleó únicamente negro y rojo. No se elaboró por una sola persona, pues se han llegado a diferenciar estilos de ocho escribas distintos.

Se puede saber que este códice, es copia de uno más antiguo porque se utilizaron dos tipos diferentes de los signos correspondientes a los días, los cuales corresponden a épocas distintas. Se asegura también que pertenece al periodo Posclásico Tardío (1200-1540 d.C.), por mostrar influencias del centro de México, sobre todo en lo referente a deidades que no existían en épocas remotas. J. Eric Thompson, considera posible que provenga de la región de Chichén-Itzá, por el tipo de glifos empleados en él.

Las páginas del *Códice Dresde,* la enmarcan una línea roja con excepción de la número 74. La mayor parte de las mismas, se divide horizontalmente en tres partes, por medio de líneas rojas delgadas. En cada división, encontramos ilustrados dioses y glifos, pero hay casos también en que aparecen sólo glifos.

Según J. Eric Thompson, son tres los temas principales en este manuscrito: los almanaques usados para el culto y la profecía, que ocupan la mayo parte del códice; las tablas de los eclipses y las relacionadas con el movimiento del planeta Venus, que pueden incluirse dentro del tema astronómico y astrológico y, por último, los vaticinios para los diversos años y para los *katunes.*

Veamos algunos ejemplos de los almanaques. En el cuadro representado en la página 2, la vieja diosa llamada *Ix Chibel Yax,* coge un instrumento para

Página del Códice Dresde, con las representaciones del Dios del Maíz, a la izquierda y el Dios de la Muerte sentado en su trono, a la derecha. Ambos llevan sus caras pintadas como guerreros.

hacer una red. Junto a ella, está otro dios sentado con una aguja. Como la escena se relaciona con glifos de días, se puede saber que esos días serían los adecuados para iniciar este tipo de labores. En otro recuadro, se ilustró un dios de la muerte, acompañado así mismo por signos de días, considerados aciagos para realizar dicha actividad.

En el almanaque de la página 36, se encuentran deidades cuyas influencias se consideraban benignas o malignas. A su vez, el de la página 5, se relaciona con la actividad de encender el fuego, en tanto que el de la página 6, que continúa en la 7, se asocia a la pesca. Como puede observarse, todas las tareas cotidianas se consideraban influidas por la suerte de los días; de éstos, había buenos o malos para iniciarlas.

Aparte de los almanaques, hay secciones destinadas a una sola deidad. Así, en la página 47, se encuentra *Ixchel* ejerciendo algunas de sus actividades principales como patrona de varias enfermedades, protectora de los niños y, en su papel erótico, patrona de los casamientos.

El profundo conocimiento astronómico que tenían los mayas, se demuestra en las páginas que van de la 51 a la 58, en las que se consignaron las tablas de los eclipses.

Una página importante del *Códice Dresde* es la 80, dedicada a las profecías de los *katunes*, que revela la continuidad que hubo desde la elaboración de este códice, hasta la época colonial, cuando se escribieron los libros proféticos del *Chilam Balam.*

De gran preocupación para el campesino maya, era la suerte que correría el cultivo del maíz, y así encontramos almanaques para adivinar si las lluvias y el tiempo, en general, ayudarían a las plantas o, por el contrario, traerían efectos desastrosos. Un almanaque de este tipo, aparece en la página 65 y continúa en la 69. En estas páginas, encontramos a *Chac*, el Dios de la Lluvia, representado repetidas veces.

Otra escena que llama la atención, es la que ilustra una gran inundación. El agua cae de la boca del dragón celeste, llamado *Itzamná*. Una vieja diosa vierte, así mismo, agua de una vasija. Dicha escena se asocia a mitos de un gran diluvio. Por último, aparecen en este códice ceremonias del año nuevo.

Códice de Madrid. Este códice lleva también el nombre de Trocortesiano porque, en un tiempo, se separó en dos fragmentos. El llamado *Códice Troano* perteneció a Juan de Tro y Ortolano quien, según se dice, lo compró a los descendientes de Hernán Cortés. La primera edición se hizo por Bras-

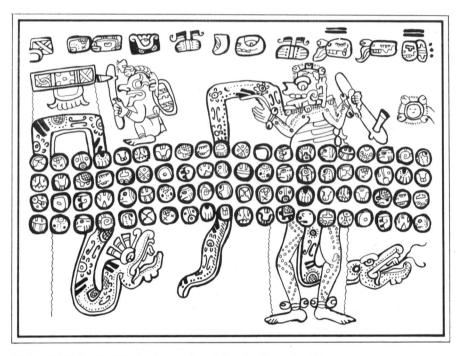

Página del Códice Madrid. En el centro hay 4 filas de glifos calendáricos usados para adivinaciones con dos serpientes que simbolizan la lluvia. En la parte superior, a la izquierda, se encuentra Ek Chuak, el Dios de los Mercaderes, y en el centro, Ah Puch, Dios de la Muerte, llevando cascabeles de serpientes de cascabel en el cuello, muñecas y tobillos.

seur de Bourbourg en 1869. En 1888, el códice pasó a formar parte del Museo Arqueológico de Madrid. El otro fragmento, el *Códice Cortesiano*, lo compró el mismo museo, en 1872. León de Rosny, fue el primero en advertir que los dos fragmentos, formaban un solo códice al examinarlos en 1880.

El *Códice de Madrid*, consta de 56 hojas, pintadas de ambos lados. Al igual que en el Dresde, las hojas son largas y angostas, y están hechas de papel indígena. Es probable que se haya elaborado a fines del siglo XV, en la parte occidental de la península de Yucatán.

En cuanto al contenido del *Códice de Madrid*, se puede considerar que es principalmente calendárico y ritual. Como en el caso del *Códice Dresde*, contiene almanaques con temas diversos como las enfermedades, cosechas y los ritos para provocar la lluvia. Los sacerdotes lo consultaban para predecir el futuro (tal como se consultan ahora los horóscopos) y establecer qué días eran los adecuados para realizar actividades, como tejer o ir de caza. Aunque arroja datos de interés sobre las direcciones cósmicas y sus colores respectivos, no posee los cómputos matemáticos ni los astronómicos que se encuentran en el Dresde. La calidad del dibujo en el *Códice de Madrid*, es más bien pobre, pues las figuras son un tanto burdas y los detalles muestran cierto descuido.

Códice de París. Es un códice pequeño, ya que tiene sólo 11 hojas pintadas de ambos lados. Cada hoja mide de 20 a 25 cm por 12.5 m. Se elaboró, al igual que los otros dos códices mayas, en papel de amate. Data del periodo prehispánico, pero es tardío, pues fue hecho entre los siglos XIII y XV. Los estudiosos opinan que pudo hacer sido elaborado en la costa este de la península de Yucatán; se conserva actualmente en la Biblioteca Nacional de París.

En dicha biblioteca, el códice se encontraba perdido en un cesto entre muchos libros y manuscritos, hasta que León de Rosny lo descubrió. Junto con él se halló un papel con el nombre de Pérez y por eso se le conoce así mismo con el nombre de *Códice Peresiano*.

El anverso del manuscrito, muestra deidades que regían sobre un *katún*. Como en los códices Dresde y Madrid, la temática comprende ritos, profecías y ceremonias del año nuevo. El reverso del códice se encuentra en malas condiciones. En 1968 salió la edición de Anders, del Códice de París.

Códice Grolier. En 1971 los investigadores pudieron estudiar, por vez primera, un nuevo manuscrito maya. Este se había comprado en 1966, con otras piezas mayas singulares, entre ellas una cajita de madera. A este códice se le conoce bajo el nombre de Grolier, porque se expuso en el Club Grolier, de Nueva York. Al principio, se dudó de su autenticidad, pero por estudios muy detallados realizados de las tablas del planeta Venus, incluidas en él, ha demostrado ser auténtico. Se conserva actualmente en el Museo Nacional de Antropología, de la ciudad de México.

Se considera que el *Códice Grolier*, se pintó en el siglo XIII, por lo que es asombroso que se haya conservado a través de tantos años. Los arqueólogos opinan que se guardó quizá en una cueva, en algún lugar de la región maya, posiblemente en Chiapas. Otros manuscritos se han descubierto en entierros mayas, algunos de ellos muy antiguos, pues se pintaron durante el periodo Clásico (250-900 d.C.). Lamentablemente, su estado de descomposición no ha permitido su estudio.

El *Códice Grolier* está pintado sobre papel de amate doblado, en forma de biombo. No está completo, ya que al parecer, tenía originalmente unas 20 hojas de las que sólo se conservan 11. Se pintó de un solo lado y es parte de un almanaque de Venus; con la misma estructura básica del almanaque de este planeta, contenido en el *Códice Dresde*. Lo que lo diferencia de éste es el estilo, pues el *Códice Grolier* no muestra un estilo maya puro, sino que tiene influencias muy marcadas del estilo Mixteca Puebla.[28]

Otros tipos de la literatura maya

Un medio de acercarnos al modo de ser y pensar de los mayas, es a través de su literatura. Afortunadamente, han llegado hasta nosotros un buen número de textos cuyos asuntos, son muy variados; tratan de la religión, historia, astronomía, medicina y los augurios de los antiguos habitantes de esa región.

Después de la Conquista española, existió el peligro de que se perdieran, no sólo los textos escritos, sino también la tradición oral que, de generación en generación, había preservado mitos, cuentos y cantos. Pero algunos indígenas, al darse cuenta de este riesgo, decidieron poner por escrito, en sus propias lenguas y usando el alfabeto castellano, los textos de sus códices antiguos con el complemento de la tradición oral. Entre los libros más importantes así creados, tenemos los provenientes de los quichés, los cakchiqueles de Guatemala, así como los yucatecos de México.

Los libros mayas que han llegado hasta nuestros días, eran guardados celosamente por alguna de las familias principales de los pueblos y pasaban de padres a hijos, haciéndoles comprender a éstos lo valioso de su contenido. Algunos de estos libros, tienen un carácter sagrado, supuesto que tratan de la religión, los mitos y rituales, es decir, toda la herencia espiritual venida de sus antepasados. Otros libros son importantes, pero en el aspecto material, pues contienen las pruebas de la posesión legítima de las tierras. Como dato de interés, vale la pena mencionar que los guardianes de los libros anotaban, año tras año, los sucesos sobresalientes de la comunidad, por lo que dichos manuscritos toman un sentido histórico, añadido al tema principal del que tratan.[29]

Nos podemos imaginar a la comunidad agrupada, en ciertas ocasiones especiales, para escuchar la lectura de los textos que los vinculaban con todas las generaciones anteriores; así se lograba una identificación mayor con su

---

[28] Para mayor información sobre este códice, ver Coe, 1973 y Carlson, 1983.

[29] Garza, 1980.

cultura. En la época Prehispánica, esas reuniones se hacían en la plaza del pueblo, pero después de la Conquista eran reuniones clandestinas que se hacían en lugares secretos y en la noche, por el temor que tenían de ser descubiertos y castigados aquellos que intervenían en las mismas. Hay testimonios de que cuando se congregaban, se llevaban a cabo representaciones dramáticas, con danzas y cantos referentes a los dioses, a la historia de la comunidad y a los antepasados.

Algunos de los textos mayas, son fáciles de comprender, pero hay otros que emplean un lenguaje esotérico lleno de metáforas y símbolos, por lo que en la actualidad no se entienden ya en su totalidad, como sucede con partes de los *Libros de Chilam Balam*. Otra característica de esos textos, es el paralelismo de las frases, que significa que se repite un mismo pensamiento bajo formas diferentes, lo que dificulta la comprensión de la lectura pero, a su vez, confiere un cierto ritmo a los textos, lo cual es fundamental, ya que era común que se recitaran.[30]

El Popol Vuh. Es el libro más importante de la literatura quiché. Se escribió poco después de la Conquista española, puesto que se terminó en 1544. La historia de cómo se dio a conocer, es la siguiente: el fraile Francisco Ximénez, llegó a Guatemala en 1688 y, gracias a la confianza que le tenían los indígenas de su parroquia de Santo Tomás Chichicastenango, logró que le mostraran el libro. Como el fraile había estudiado la lengua quiché, pudo leerlo y, al darse cuenta del gran valor que tenía, lo tradujo al español. Las primeras ediciones del *Popol Vuh*, datan del siglo XIX; una se publicó en Viena y la otra en París, Esta última edición la realizó Charles Brasseur, gran americanista, quien hizo la traducción al francés.

El *Popol Vuh*, se compone de tres partes: en la primera, se relata la creación del mundo, así como del hombre; la segunda, se refiere a las aventuras de los gemelos divinos *Hunahpú* e *Ixbalanqué*, en su lucha contra los señores del inframundo y, la tercera, trata sobre la historia del pueblo quiché. En ésta, se narran sus migraciones, guerras y conquistas, los nombres de sus reyes y relaciones con los pueblos vecinos. Esta parte histórica no tiene la misma calidad literaria de las dos primeras.

Los Libros de Chilam Balam. Hemos visto ya en el estudio de los códices, que había una tradición muy importante, entre los mayas, de predecir el fu-

[30] *Ibid.*

turo; incluso, hemos dicho que fue una de las razones por las que los mayas desarrollaron un calendario tan preciso. Así mismo, la noción cíclica del tiempo, estaba arraigada profundamente en este pueblo; ambos aspectos explican el por qué, aun después de la Conquista, se continuó con la práctica de augurar los eventos del porvenir.

Las predicciones que encontramos en los *Libros de Chilam Balam*, se refieren a tres diferentes periodos cronológicos: los *katunes* (20 *tunes*), los *tunes* (años de 360 días), y los días. Es curioso que casi todas las profecías contenidas en dichos libros son negativas, ya que anuncian desgracias como las sequías.

Un ejemplo de una profecía, es la siguiente:

"Kinchil Cobá es el asiento del Katún, del Trece Ahau Katún. El dios maya Itzam, dará su rostro a su reinado. Se le sentirá tres veces en tres años, y cuando se cierre la décima generación. Semejantes a las de palmera, serán sus hojas. Semejante al de la palmera, será su olor. Su cielo estará cargado de rayos. Sin lluvias chorreará el pan del Katún, del Trece Ahau Katún. Multitud de lunares, son la carga del Katún. Se perderán los hombres y se perderán los dioses. Cinco días será mordido el sol, y será visto. Esta es la carga del Trece Ahau Katún".[31]

En los *Libros de Chilam Balam* no sólo encontramos profecías, ya que el material que contienen es muy variado, lo cual se debe a que nunca se planearon como una obra unitaria, sino también la recopilación de asuntos muy diversos, lograda a través de los siglos. Así, tenemos que tratan de la religión, los dioses, mitos y rituales, la astrología y cronología, además de la historia y la medicina. Partes de los textos, pertenecen a la tradición indígena, pero hay muchos que muestran la influencia europea.

Los *Libros de Chilam Balam*, proceden de diferentes pueblos de la península de Yucatán. *Chilam* significa 'el que es boca', es decir, el que predice el futuro y *Balam* quiere decir brujo, por lo que se puede traducir este título como, 'brujo profeta'. El más famoso de los profetas, se llamaba *Chilam Balam* y vivió en Maní poco antes de la Conquista española. Tenía gran fama porque predijo la llegada de hombres distintos que traerían una nueva religión. Sus augurios, aparecen en varios de dichos libros, al igual que los de otros sacerdotes.

---

[31] *Literatura maya*, 1980, p. 263.

Alfredo Barrera y Silvia Rendón, en su obra *El Libro de los libros de Chilam Balam*, explican cómo se fueron formando estos documentos. Al aprender los sacerdotes indígenas el alfabeto español transcribían el contenido de los códices a ese idioma, agregando además ciertos augurios. De estos textos, se hacían copias que iban a dar a los diferentes pueblos. En éstas, se añadían los acontecimientos locales, por lo que la copia de cada pueblo empezó a diferenciarse de las otras. Así mismo, cada texto se copió y recopiló a través del tiempo, y los copistas cometían errores a veces, y hacían cambios, lo cual aumentaba las discrepancias. Las copias que se conservan actualmente son tardías, pues datan de los siglos XVIII y XIX, y llevan el nombre del pueblo donde fueron halladas. Las más importantes son las de Chumayel, Tizimín, Kaua, Ixil, Nah y Tusik.

Anales de los Cakchiqueles. Estos anales proceden de Sololá, en Guatemala, y se les conoce también con otros títulos: *Memorial de Sololá, Memorial de Tecpan-Atitlán, Manuscrito Cakchiquel y Anales de los Xahil de los Indios Cakchiqueles.*

Para los mayas, no había una clara demarcación entre el mito y la historia, y así lo vemos en esos anales, pues la narración empieza con la leyenda de cómo se crearon los hombres de la masa del maíz, y continúa con datos históricos sobre las migraciones de los cakchiqueles, desde un lugar remoto, hasta Tulán y, de ahí hasta Guatemala.[32] La primera parte, en la que se relata el origen de los hombres, recuerda mucho al mito de la creación del *Popol Vuh*. La segunda parte narra la Conquista española y los eventos anuales, hasta 1604.

Es de interés conocer los nombres de los autores de estos anales. Francisco Hernández Arana, fue el autor de la primera parte, y era nieto de un rey cakchiquel del linaje *xahil*; redactó este documento desde 1573, hasta su muerte, ocurrida probablemente en 1582. El segundo autor, fue Francisco Díaz, también del linaje *xahil*.

Rabinal Achí. Un género particular dentro de la literatura maya, es el de los textos que se pueden cantar, bailar o representar acompañados de música. Los mayas los llamaban *bailes del tun*, y se siguieron representando mucho tiempo después de la Conquista, durante los siglos XVI, XVII y XVIII. A

---

[32] Garza, *op. cit.*

estos bailes, se les consideró siempre como rituales, y por ende, los participantes se preparaban con ayunos y abstinencias. El *Rabinal Achí* es una danza dramática de este tipo.

El texto pertenece a la literatura quiché, y procede de San Pablo Rabinal, en Guatemala. Puede fecharse, quizá, en el siglo XIV, aunque no fue sino hasta 1850 cuando se transcribió. El tema de esa obra, es el sacrificio ritual de un guerrero del linaje *kavek*. En el *Rabinal Achí*, se narra su valentía en el campo de batalla y antes de su muerte. Lo importante es que, tanto en el idioma empleado, como en su estilo poético, este drama se ciñe a la tradición maya.

Como en otras piezas teatrales de la cultura maya, ésta se sigue representando, en forma de danza, en el pueblo de Rabinal, y en ella se usan máscaras y vestuarios tradicionales. En estas representaciones, la música desempeña un papel fundamental. El estudio de esa obra, permite conocer el complicado ceremonial que acompañaba al sacrificio humano, y de cómo se consideraba que éste acercaba a los hombres, especialmente a la víctima, a los dioses.

Una cita breve, dará al lector idea del final dramático de la obra, cuando habla el guerrero que está próximo a morir:

"¡Ah, oh cielo! ¡Ah, oh tierra! Mi decisión, mi denuedo, no me han servido. Busqué mi camino bajo el cielo, busqué mi camino sobre la tierra, apartando las yerbas, apartando los abrojos. Mi decisión, mi denuedo, no me han servido.

¡Ah, oh cielo! ¡Ah, oh tierra! ¿Debo, realmente, morir, fallecer aquí, bajo el cielo, sobre la tierra?...[33]

Los Cantares de Dzitbalché. Proceden del pueblo de ese nombre, en el estado de Campeche. Se trata de oraciones y cantos que acompañaban a las danzas rituales. Estas podían ser, por ejemplo, las que se realizaban cuando se sacrificaba a algún cautivo, o las que se llevaban a cabo para festejar un matrimonio. Son así mismo importantes las plegarias dirigidas a los dioses, sobre todo al dios solar, y las que se cantaban durante la ceremonia para recibir el año nuevo. Son en total quince cantares, algunos de ellos son líricos, pues expresan sentimientos íntimos.[34]

---

[33] *Literatura maya*, 1980, p. 333.
[34] Garza, *op. cit.*

La introducción a esos cantares, escrita en la portada original, indica que se trata de un libro de las danzas que se efectuaban en la antigüedad, cuando el hombre blanco no llegaba todavía a la península de Yucatán. En la introducción, se anota el nombre del autor de esta recopilación, el Señor *Ah Bam*, y el año de 1440, aunque los estudiosos opinan que el año más probable, es el de 1740.

Un canto de gran dramatismo, es el que acompañaba a la danza del sacrificio por flechamiento. Se nos indica, primero, que tendrá lugar en una plaza, y que al cautivo, pintado de azul, se le amarrará a una columna de piedra. Como parte del ritual, se le ha perfumado con flores. En el texto, se le dice a la futura víctima:

> "Endulza tu ánimo, bello hombre; tú vas a ver el rostro de tu padre en lo alto. No habrá de regresarte aquí sobre la tierra bajo el plumaje del pequeño colibrí o bajo la piel del bello ciervo, del jaguar, de la pequeña mérula, o del pequeño paují...".[35]

Otro ejemplo, en este caso, de gran belleza, es el Cantar 7. Este, es parte de una ceremonia mágica que hacían las mujeres, para que sus amantes no las abandonaran, o para que regresaran a ellas si se habían ido. En un lugar secreto del bosque, donde hay una poza natural, las mujeres se desnudan a la luz de la luna. Un anciano dirige el ritual que incluye echar ciertas flores a la poza, y se usa después el agua para preparar un filtro de amor. El cantar dice así en su primera parte:

> "La bellísima luna
> se ha alzado sobre el bosque;
> va encendiéndose
> en medio de los cielos
> donde queda en suspenso
> para alumbrar sobre
> la tierra, todo el bosque.
> Dulcemente viene el aire y su perfume..."[36]

No sería posible mencionar aquí todos los textos, tan interesantes, que constituyen la literatura de los mayas; tan sólo hablaremos de otros tres, por

---

[35] *Literatura Maya*, 1980. p. 357.
[36] *Ibid.*, pp. 367-368.

la importancia que tienen. El *Ritual de los bacabs*, procede de Yucatán, y se elaboró en el siglo XVIII. En él, se recopilaron textos médicos de carácter ritual. El *Códice Pérez* proviene también de Yucatán, pero es más tardío, ya que está fechado en el siglo XIX. Su contexto es muy variado, pues los escritos proceden de diversas partes y tratan, tanto de augurios, como de hechos históricos. Por último, el llamado *Título de los Señores de Totonicapán,* se refiere a la historia del pueblo quiché y data de 1554. Es un título de propiedad, pero en él se narran desde los orígenes de ese pueblo, hasta los hechos más importantes que tuvieron lugar a mediados del siglo XV.

La educación

Al pueblo maya antiguo lo constituía una sociedad bien integrada, en la que los jóvenes aceptaban las tradiciones y los valores establecidos que comunicaban, a su vez, a sus hijos. La moral, los preceptos y las obligaciones, se aprendían fundamentalmente por el ejemplo de los mayores a los cuales se les respetaba y veneraba, por ser los poseedores de la sabiduría obtenida a través de años de experiencia.

Según la autora Ana Luisa Izquierdo, el ideal más elevado de la educación, era que el individuo tenía que someterse a los intereses de la comunidad, al mismo tiempo que debía obedecer, tanto a los miembros mayores de la familia, como a las autoridades religiosas.[37]

La madre cuidaba de los niños y las niñas en el hogar, y les inculcaba valores morales y religiosos. Al crecer el niño, acompañaba al padre en sus actividades diarias. Así, aprendía ya fuera el cuidado de las plantas, como los métodos para la caza y pesca y, si el padre practicaba algún oficio, como la joyería o alfarería, todas las técnicas necesarias para el desempeño del mismo. Las niñas, a diferencia de los niños, recibían su educación directamente de las madres, educación que se concentraba en las labores domésticas.

Después de la ceremonia de la pubertad, el muchacho pasaba a vivir con otros en las llamadas casas de jóvenes. Ahí convivía con los demás miembros de su clase social. Esto no significaba que se distanciaba de su familia, pues se le permitía visitarla con frecuencia.[38]

---

[37] Izquierdo, 1983.
[38] *Ibid.*

El tipo de educación estaba de acuerdo con la clase social del individuo. Las clases inferiores, recibían una educación rudimentaria, en tanto que a los hijos de los nobles se les daba una educación más amplia, ya que necesitaban aprender a leer y escribir, además de conocer algo de matemáticas, para poder desempeñar así los puestos administrativos. A los candidatos al sacerdocio se les enseñaba, a través de varios años, los secretos de la astronomía y los complicados símbolos religiosos, así como los conocimientos mencionados que correspondían a la clase noble. Al igual que entre los mexicas, a los nobles y sacerdotes se les exigía una rectitud aún mayor en su vida, tanto personal, como pública, ya que ellos debían dar el ejemplo, en todos los aspectos, al resto de la comunidad.

Pluralidad en las expresiones artísticas

Las manifestaciones artísticas de los diferentes centros mayas, son diversas. A pesar de tener la misma cultura básica, con idiomas, creencias y costumbres semejantes, los estilos artísticos, muestran particularidades de una a otra de las ciudades. Esto se debe a muchos factores; uno de ellos es el medio ambiente en que se desarrollaron los estilos. Palenque, por ejemplo, creó un arte orgánico en el cual la naturaleza exuberante, se ve reflejada en el uso frecuente de motivos vegetales y animales. En cambio, los pueblos que habitaron la parte norte de la península de Yucatán, de pobre vegetación, se inclinaron por un arte más geométrico. La falta de agua hizo que el Dios de la Lluvia, fuera objeto de súplicas continuas para que mandara el preciado líquido, y de ahí que su rostro se repita incesantemente en las fachadas de los templos, cual si fuera una letanía.

Para que el lector consiga tener una cabal visión de esta gama tan amplia de expresiones que componen el arte maya, revisaremos la arquitectura, escultura y pintura de algunas de sus principales ciudades, situadas dentro de la República Mexicana.

Yaxchilán

Yaxchilán y Palenque, son dos joyas arquitectónicas de elegantes edificios que destacan sobre el fondo verdoso de la selva. Algunas secciones de Yaxchilán, han sido despejadas, pero en otras se experimenta una emoción singular cuando, al caminar por la selva, aparecen ruinas cubiertas de vegetación. En este momento, sentimos el mismo asombro que les causaba a los exploradores del siglo pasado, cuando descubrían y exploraban las ciudades perdidas en la selva.

Se comentó ya cómo en Palenque, los vestigios históricos son abundantes y lo mismo sucede en Yaxchilán, donde abundan las esculturas con un contenido histórico. En Yaxchilán las estelas y los dinteles narran episodios sucedidos hace muchos siglos.

Yaxchilán se sitúa en el estado de Chiapas y es uno de los muchos asentamientos mayas localizados cerca de los ríos, en este caso el Usumacinta. Se trata de una enorme ciudad que apenas se ha empezado a explorar. Su florecimiento tuvo lugar en el periodo Clásico Tardío, principalmente en el siglo VII y la primera mitad del siglo VIII. Recientemente se han descubierto los restos de unos 60 edificios construidos en los diferentes desniveles del terreno; la comunicación entre estos edificios, se logra por medio de escalinatas.

Los templos y palacios de Yaxchilán, impresionan por lo macizos. Como son bajos, con entradas estrechas y grandes cresterías, dan la impresión de pesadez. La calidad de la construcción no es muy buena, pero la capa de estuco que los cubre, disimula los defectos. El problema de la abundancia de lluvia, se resolvió con los frisos inclinados; éstos muestran decoración, principalmente geométrica, aunque aparecen así mismo figuras humanas esculpidas. Las cresterías están colocadas al centro de los techos, y son caladas, lo cual permite que sean de grandes dimensiones pero, a la vez, ligeras.

El típico edificio de este sitio presenta, en su interior, una sola cámara seccionada en tramos, por medio de muros salientes. Además de los templos y palacios, encontramos varias canchas para el juego de pelota; como es común en la región maya, a las canchas las limitan dos muros paralelos, sin tener construcciones en los extremos.

Yaxchilán tiene un gran número de monumentos con relieves; se han hallado, hasta el momento, cincuenta dinteles y treinta estelas. Dos son los principales estilos escultóricos, usados en ellos. En uno, el relieve es profundo y de una calidad extraordinaria, ya que con lujo de detalles se reproducen fielmente las texturas de los textiles y ornamentos. En el otro estilo, el relieve es muy plano, y los personajes aparecen con tantos elementos de vestuario y adornos, que resultan sobrecargados y se pierde claridad. Es común, tanto, en uno, como en el otro estilo, las composiciones con dos individuos, los cuales aparecen en una variedad de posturas y actitudes: arrodillados, de

Dintel 26. Yaxchilán, Chiapas. Una de las esposas del rey le presenta un yelmo con cabeza de jaguar. Este felino era un animal sagrado para los mayas, y se asociaba con la clase dirigente.

pie, agachados, de frente, perfil y tres cuartos. Hay escenas que se pueden calificar como dinámicas, sobre todo las que muestran la toma de prisioneros.

La mayor parte de los relieves, trata de acontecimientos sucedidos durante el reinado de dos jerarcas: Escudo Jaguar, y su hijo, Pájaro Jaguar. El tema principal es la guerra y toma de prisioneros, pero encontramos así mismo representaciones de actividades llevadas a cabo antes y después de las batallas.

Antes de las contiendas, se presenta a los reyes en el momento de vestirse, con la ayuda de una de sus esposas. En el dintel 26, que se conserva en el Museo Nacional de Antropología de la ciudad de México, podemos observar el yelmo de jaguar que el rey usará y que una de sus consortes sostiene con un brazo. Después de las batallas se realizaban otro tipo de actividades, como el autosacrificio (dinteles 17 y 24), la presentación de los prisioneros ante el monarca (estela 11), así como el intercambio de bastones de mando entre el rey y uno de sus jefes (dintel 42).

El rey Escudo Jaguar, mandó construir el templo número 33, uno de los más importantes en Yaxchilán, para conmemorar su ascenso al trono en 752 d.C.[39] En el dintel número 1 de este edificio, aparece un tema repetido en el arte de Yaxchilán. Se trata del rey, con el cetro maniquí en una de sus manos y ataviado espléndidamente, acompañado de una de sus esposas, misma a la que se le representó de un tamaño mucho menor que el de él. La esposa carga un bulto de tela con un nudo en la parte superior; se cree que en ese bulto, se guardaban objetos sacros como las imágenes de los dioses y púas empleadas en el autosacrificio. En el dintel 2 del mismo templo, se muestra de nuevo al jerarca frente a otro personaje de tamaño reducido; ambos llevan objetos cruciformes adornados con pájaros, símbolos del poder.

En las escalinatas del mismo templo 33, se descubrieron en 1974, varios escalones esculpidos con escenas relacionadas con el juego de pelota. En uno de éstos, se representó el enfrentamiento del rey Escudo Jaguar con su prisionero, llamado Calavera Enjoyada. Como es de suponerse, el rey ganó la partida y al prisionero, tal vez se le sacrificó.

El templo 23 pertenece así mismo al reinado de Escudo Jaguar, y los tres dinteles hallados en él son de los más bellos de Yaxchilán. Dijimos ya que uno de éstos, el número 26, se refiere al momento en que el rey se atavía antes de salir a combatir.

El tema del dintel 24, es el autosacrificio de la esposa principal del rey, llamada Señora Xoc, la cual aparece de rodillas y pasándose una cuerda con púas a través de la lengua. El rey, de pie frente a ella, coge una antorcha, lo que parece indicar que el ritual tuvo lugar en la noche o en el cuarto obscuro de un templo o palacio. En el dintel número 25, se representó de nuevo a la señora Xoc, acompañada de una gran serpiente fantástica, de cuyas fauces sale un guerrero con lanza y escudo.

Pájaro Jaguar, quien tomó posesión del poder en 752 d.C., mandó construir, al igual que su padre, templos para glorificarse. En uno de ellos, identificado con el número 21, se descubrieron tres dinteles importantes. El dintel 16 muestra una escena de sumisión en la cual está el rey con un chaleco protector acolchado, y lanza y escudo, así como un prisionero en cuclillas, con un abanico y un curioso gorro puntiagudo. En el dintel 17, se esculpió una escena en la que una de las esposas del rey, se autosacrifica para celebrar el nacimiento del heredero al trono. El método de autosacrificio, es el mismo al

---

[39] Las fechas de Yaxchilán se tomaron del libro *The Blood of the Kings.*

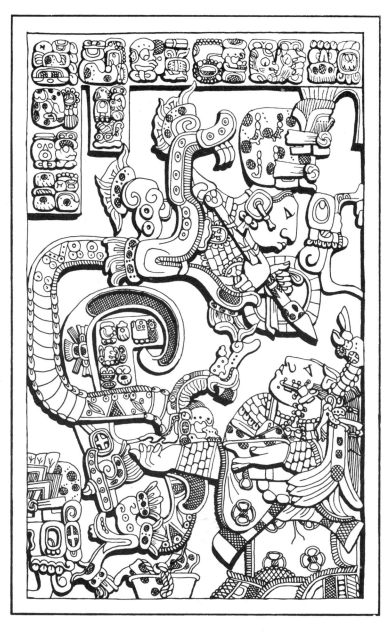

Dintel 25. Yaxchilán, Chiapas. En este bello relieve, la esposa del gobernante contempla a un guerrero que emerge de las fauces de una serpiente fantástica. Los glifos de la parte superior fueron, por una razón desconocida, esculpidos al revés, lo que hace sumamente difícil su interpretación.

descrito anteriormente, con la excepción que la cuerda, que se pasa a través de la lengua, carece de púas. Pájaro Jaguar está frente a dicha mujer y se prepara a mutilarse el sexo. Por último, en el dintel 15 aparece otra esposa del supremo gobernante con los utensilios del autosacrificio y, frente a ella, una serpiente de cuya boca sale un rostro humano.

Otros dinteles asociados a Pájaro Jaguar, se encuentran en el edificio 42. Del dintel 41, se conserva únicamente la parte superior, por lo que no es seguro qué tema se representó, pero puede identificarse al rey y a una de sus esposas. En el dintel 42, se esculpieron dos personajes, uno frente al otro. Se trata del mismo jerarca y uno de sus nobles que parecen intercambiarse objetos simbólicos de sus rangos. El monarca le presenta el cetro maniquí y el otro personaje le entrega un objeto cruciforme, al cual ya nos referimos anteriormente al hablar del dintel 2. La escena del rey y una de sus consortes, esta última con los instrumentos del autosacrificio, se repite en el dintel 43.

Por último, en el edificio 1 se colocaron también dinteles con escenas de la vida de Pájaro Jaguar. Dicho edificio es el único en Yaxchilán con cuatro dinteles. En uno de ellos está el rey con una de sus esposas, que carga un bulto sagrado (dintel 5). En otro dintel se representó al monarca, con un báculo coronado con la imagen del dios nariguado, y otro personaje; ambos sostienen garrotes que terminan en garras de jaguar (dintel 6). En el siguiente dintel se esculpió de nuevo al supremo mandatario con una de sus mujeres sosteniendo un bulto (dintel 7). Una escena de guerra aparece en el último dintel (dintel 8). En dicha escena, Pájaro Jaguar y su acompañante toman a dos prisioneros durante una batalla.

Palenque

Más al norte de Yaxchilán, donde la llanura tabasqueña se funde con la sierra de Chiapas, se localiza la ciudad de Palenque. Es una de las ciudades mayas más hermosas, y se distingue por su arquitectura de proporciones armoniosas, y una gran riqueza escultórica. El apogeo máximo de Palenque, tuvo lugar en el periodo Clásico Tardío, entre 600 y 700 d.C. Por los estudios que se han hecho de las ruinas, se puede saber que fue un grandioso centro urbano, pues ocupaba 16 km².

Los palencanos tuvieron que modificar la topografía del lugar, ya que es bastante irregular. Esto lo hicieron de varias maneras: por medio de una sucesión de terrazas, sobre las cuales se asentaron las construcciones; apoyando los templos sobre las partes inferiores de los cerros; aplanando las cúspides de los montes para situar ahí otros edificios, y reforzando las laderas del lado norte, con fines defensivos.

En el centro de la ciudad, se encuentra el palacio con sus galerías agrupadas alrededor de patios. Al suroeste del mismo, se localiza el Templo de las Inscripciones, que guarda en su interior la famosa tumba. Al sureste se sitúa la Plaza del Sol, alrededor de la cual se construyeron cuatro templos que se conocen con los nombres de: Templo del Sol, Templo de la Cruz, Templo de la Cruz Foliada y Templo XIV. Del lado norte del Palacio, se hallan la cancha para el juego de pelota, el Templo del Conde y el grupo norte, con cinco edificios. En los alrededores, se distribuyeron otros conjuntos que servían tal vez como residencias para los nobles. Los campesinos habitaban casas hechas de materiales perecederos que han desaparecido con el tiempo.

Para la planeación de este centro urbano, se tuvo que tomar en cuenta el cauce de los ríos, sobre todo del río Otolum que cruza la ciudad en su parte central. Con el fin de evitar inundaciones, los habitantes tuvieron que construir puentes, canales y acueductos subterráneos.

Como todas las ciudades mayas, Palenque presenta un estilo singular, tanto en la arquitectura, como en la escultura. En cuanto a la primera, el rasgo más importante es la reducción del espesor de los muros, lo cual agranda el espacio interior de los edificios. En vez de encontrar, como en los templos de Tikal, muros de varios metros de espesor y espacios reducidos dentro de los mismos, en Palenque hallamos templos amplios, con paredes más delgadas.

Otra de las características que imprimen un sello particular a la arquitectura palencana, es el tipo de templo con dos crujías o cuartos. Una de éstas da al exterior y forma un pórtico porque, en vez de una pared con una puerta, se dejan varios vanos separados por pilares. La crujía interior se divide, por lo general, en tres recintos pequeños. El central es el más importante, pues contiene una especie de casa miniatura llamada el santuario. Al fondo, empotrado en la pared, se colocaba el objeto más sagrado: el tablero de piedra, tallado con escenas rituales.

El templo palencano muestra en su exterior, un friso inclinado con una cornisa saliente y una crestería que descansa en el centro del techo; ésta, tiene huecos para aligerarla. La cornisa saliente del friso desempeña una función vital, pues evita que la lluvia dañe los relieves de los pilares.

Los basamentos piramidales sobre los cuales se construyeron los templos, no son muy altos, si se les compara sobre todo con los de Tikal. Tales basamentos, consisten en varios cuerpos verticales, rematados por molduras. Los palencanos se las ingeniaron para aprovechar las laderas de los cerros donde edificar sus pirámides; así, se evitaban el acarreo de las toneladas de tierra que constituían el núcleo sólido de aquéllas.

En cuanto a la escultura, Palenque es famosa por sus relieves, tanto los labrados en piedra, como los modelados en estuco. Los exteriores de los edificios, se cubrieron con relieves estucados, desde el basamento hasta las cresterías. Estos relieves, representan principalmente seres humanos y figuras mitológicas, y varían en sus grados de proyección ya que, por lo general, en los basamentos son muy planos, en tanto que en los pilares se proyectan más, lo mismo que en los frisos y en las cresterías, hasta convertirse casi en esculturas de bulto.[40] El estuco se prefería para la decoración exterior, en tanto que en el interior de los edificios, se colocaban tableros hechos de piedra. Como casos excepcionales, tenemos los relieves pétreos de los patios del palacio, que son tardíos.

Lo mismo que en la arquitectura, en la escultura palencana encontramos características que le son particulares. Una de ellas es la ausencia, con una o dos excepciones, de estelas en Palenque. La razón de ello, es que la piedra caliza, encontrada en esta zona, se presta más para hacer relieves sobre tableros. El típico tablero palencano, cuenta con tres secciones, divididas verticalmente: las de los extremos se cubren con glifos, en tanto que en la sección central, se esculpe una escena ritual con figuras humanas como participantes. Algunos tableros, se dividen así mismo en tres secciones horizontales: la inferior con la máscara del inframundo, la central con elementos referentes a la vida terrestre, y la superior con símbolos celestes.

Como se mencionó al principio de este capítulo, el arte palencano hace uso frecuente de motivos vegetales, pero la figura humana, es el tema principal. Hay un gusto evidente por la belleza de la forma humana y, por ello, no se cubren los cuerpos con atavíos y adornos complicados, sino que éstos se reducen a un mínimo. Las figuras humanas representadas, son esbeltas y con una proporción promedio de siete cabezas.[41] Al finalizar el siglo VII, se produce un cambio en la temática de la escultura palencana, al relegarse los símbolos religiosos a un segundo término. Así, se observa cómo aparece el rey en los tableros, en vez del objeto sagrado central. A los lados del monarca, se esculpen personajes en actitud de ofrendarle insignias alusivas al poder.

[40] Fuente, 1965.
[41] *Ibid.*

El Palacio. En éste, residía la familia real, pero tenía también otros usos, ya que en él se llevaban a cabo ciertas ceremonias. Más que un solo edificio, se trata de un conjunto de ellos que no fueron construidos al mismo tiempo, además de que hubo frecuentes cambios y remodelaciones, a través de los años. Se considera que el Palacio estaba terminado, en su mayor parte, para 715 d.C.

Las galerías del mismo, se disponen alrededor de cuatro patios interiores de tamaños diferentes. Unas, se abren al exterior formando pórticos con pilares. Estos, muestran relieves de gran interés, pues nos dan una idea de las ceremonias que, en la época de esplendor de Palenque, se realizaban. Incluso, hay algunos que parecen representar rituales funerarios, con danzas y sacrificios.

En la galería exterior, orientada hacia el este (Casa A del Palacio), encontramos seis pilares; los que ocupan los extremos con glifos, y los cuatro restantes con figuras humanas. La composición, es la misma en estos cuatro pilares: una figura central que está de pie y de perfil, que marca el eje central y, a sus lados, dos personajes sentados a la manera oriental. El vestuario de las figuras es sencillo, pero los tocados son bastante elaborados. Los personajes de pie, llevan bolsas ceremoniales y bastones que presentan, en sus partes superiores, cabezas del dios narigudo. Las escenas, se enmarcan con signos astronómicos.

La otra galería con relieves importantes, es la que da al oeste (Casa D del Palacio). De igual manera que en la Casa A, los dos pilares de los extremos muestran glifos pero, a diferencia de la misma, encontramos cinco pilares con escenas rituales y con dos participantes en cada una. Lo que más llama la atención en éstas, son las actitudes dinámicas de los personajes principales. Según la autora Beatriz de la Fuente, "los pies inestables sugieren pasos de danzas, y los brazos se levantan con diferentes ritmos y a diferentes niveles".[42] En un relieve, el personaje principal toma a otro por el pelo, para sacrificarlo quizá; en otro relieve ambos personajes, sostienen una serpiente ondulante. En todas las escenas, aparecen marcos inferiores con elementos acuáticos y del inframundo.

En algunos de los patios interiores del Palacio, se conservan relieves en piedra, tanto en los basamentos de los edificios, como en las alfardas de las escaleras. En varias lápidas, se esculpieron inscripciones jeroglíficas, en tanto

[42] *Ibid.*

111

que en otras aparecen figuras humanas de tosco labrado. Como el estilo de éstas, es diferente al palencano, se cree puedan pertenecer a una fase decadente, cuando empezaban a sentirse ya las influencias de otros pueblos.

Un elemento singular del Palacio, es la torre que tiene tres pisos y un basamento macizo. La escalera no empieza desde el nivel del patio, sino en el primer piso. En el piso superior, se encontró una mesa que pudo funcionar como banca, trono o altar. La torre, servía de observatorio astronómico, así como torre de vigía.

En la parte sur del mismo edificio, hay restos novedosos, como desagües y letrinas que se construyeron en el periodo del dominio maya, aunque no son característicos de esta cultura. En la parte sur, se localizan también los llamados subterráneos que son galerías totalmente obscuras, cuya función nos es desconocida; en algunas de éstas se encontraron mesas de piedra que pudieron servir quizás como altares. Dos de estas mesas, muestran inscripciones jeroglíficas.

En un pequeño recinto, arriba de los subterráneos, en lo que se denomina la Casa E, se descubrieron representaciones, modeladas en estuco, de Itzamná, el Dios Celeste. Su cuerpo, en forma de franja, presenta signos de astros como el Sol y Venus, terminando los extremos, como es común, en una cabeza de serpiente y un mascarón descarnado, alusivo a la Tierra.

Del Palacio, proceden varias esculturas muy importantes, algunas de las cuales se conservan en su sitio original, y otras se exhiben en el museo arqueológico del mismo lugar. El llamado Tablero Oval, se halla empotrado en el muro de una de las galerías cercanas a la torre. Como indica su nombre, se labró en una piedra calcárea de forma oval, y muestra a dos personajes, uno masculino y otro femenino. El primero, está sentado sobre un trono con dos cabezas de jaguares. Se ha identificado a esa figura como la del gobernante Escudo Jaguar, el mismo a quien se enterró en el Templo de las Inscripciones. La mujer, su madre, le presenta un tocado con una carita fantástica, emblema de la realeza. Este tocado, era el que usaban los reyes de Palenque y, por lo tanto, se puede interpretar la escena como el ascenso de Escudo Jaguar al trono. El año probable de esta lápida, será el de 652 d.C.

Otro tablero famoso, es el llamado Tablero del Palacio; originalmente, se unía al muro central del edificio norte, pero actualmente se exhibe en el museo del mismo Palenque. La escena, muestra a tres personajes y, el central, es uno de los gobernantes de Palenque, llamado Kan-Xul, nombre que significa 'animal precioso'. Según los estudios realizados sobre la dinastía palencana, Kan-Xul fue el segundo hijo de Escudo Jaguar. En el Tablero del Palacio, Kan-Xul, está sentado sobre un trono hecho de esteras con cabezas fantásticas en los extremos. Los personajes que lo acompañan, son su padre y madre; ambos le ofrecen objetos emblemáticos del poder. La escena, se encuentra esculpida en la parte superior de varias columnas de glifos que nos informan sobre la fecha del nacimiento de Kan-Xul, su genealogía, la fecha de su ascenso al trono, y cuando llevó a cabo ciertas ceremonias religiosas.

Proceden también del Palacio; la Lápida de los 96 Glifos, Lápida del Escriba y Lápida del Orador. Las tres fueron descubiertas al pie de la torre del palacio. El contexto de la primera, es, tanto histórico, como calendárico. En cuanto a la segunda, se le dio ese nombre porque el personaje que aparece arrodillado en la misma, lleva un objeto en la mano derecha, que pudiera ser un punzón para escribir y en la izquierda, una tela o rollo de papel. La tercera lápida representa, así mismo, un solo individuo arrodillado que tiene la mano frente a la boca, por lo que según cabe suponer, está hablando.

Templo de las Inscripciones. El 15 de junio de 1952, se descubrió la famosa tumba de este templo. Esta, se encuentra debajo del nivel general de la plaza, y se llega a ella descendiendo por una escalinata construida en el interior del basamento piramidal. Se comentó, ya anteriormente que el personaje enterrado en la tumba, fue un gobernante de gran importancia llamado Escudo Jaguar, quien vivió a finales del siglo VII.

La construcción de este conjunto, se inició en la cámara funeraria, dentro de la cual se depositaron el sarcófago y la gran lápida que lo cubrió, y después, se hicieron arriba las escaleras, así como el basamento piramidal que se coronó con un templo.

El mismo, es bastante grande, ya que tiene dos crujías en su interior y, en el exterior, cinco entradas con seis pilares. Estos, muestran relieves estucados de figuras humanas de pie, y con los cuerpos de frente, cargando niños en los brazos. A estos niños se les ha identificado como un aspecto del cetro maniquí, porque cada uno lleva una máscara sobre el rostro y una de sus piernas, se prolonga en forma de serpiente. Los pilares de los extremos, llevan inscripciones con los glifos distribuidos en columnas. Se le conoce como el Templo de las Inscripciones porque los tableros del interior, no presentan escenas con personajes, sino sólo textos glíficos.

La cámara funeraria, un cuarto, mide nueve metros de largo por cuatro de ancho. La bóveda, que le sirve de techo, es mucho más alta que las de los otros templos de Palenque, ya que mide cerca de siete metros. A fin de reforzarla, se colocaron gruesas vigas de piedra que parecen ser de madera, por las vetas amarillas que tienen.

El sarcófago ocupa la mayor parte de la cripta. Es éste un sarcófago monolítico, que descansa sobre seis soportes también monolíticos. Tanto el sarcófago, como la lápida y los soportes (con excepción de los centrales), están esculpidos. En éstos, aparecen cabezas humanas con glifos relacionados con los cuatro puntos cardinales, en tanto que en los lados del sarcófago, se representaron seis hombres y cuatro mujeres que se presume sean los ancestros del gran rey enterrado en la cripta. Dentro del sarcófago, que estaba cubierto por una lápida, se encontraron los restos del gobernante, con gran cantidad de joyas y una máscara de jade que cubría su rostro. A los lados del sarcófago había ofrendas, como vasos, platos y cabezas humanas modeladas en estuco.

Como los palencanos deseaban seguir en contacto con el espíritu de su dirigente, se construyó un conducto serpentiforme que va del sarcófago, hasta la losa que cerraba la entrada a la escalinata, en el piso del templo.

El Templo del Sol. Ocupa el lado oeste de la plaza, conocida como la Plaza del Sol. El basamento piramidal no es muy alto, pues se compone de cuatro cuerpos únicamente. El templo, descansa en un zócalo, y tiene dos crujías en el interior. En los pilares del pórtico, quedan sólo vestigios de la ornamentación estucada que consistía en figuras humanas y glifos. El friso y la crestería, estaban así mismo decorados con estucos, de los que quedan solamente restos.

En el santuario, se conserva un tablero de piedra dividido en tres secciones verticales: en la central, hay una escena de adoración en tanto que las laterales, se cubrieron con glifos. Estos, como en la mayor parte de las inscripciones mayas, registran datos calendáricos, históricos y religiosos. El objeto de veneración, es un escudo redondo con la cabeza del Dios Jaguar del Inframundo, personificación del Sol cuando desaparece, durante la noche, en el mundo inferior; dicho escudo se encuentra delante de dos lanzas cruzadas. Debajo de este símbolo solar, se esculpieron dos figuras que sostienen una barra, con una máscara de jaguar al centro y, en los extremos, cabezas de serpientes. Esta barra, le sirve de altar o trono al escudo solar. El tema del tablero, en su conjunto, se refiere a la guerra y al inframundo.

Dos personajes, flanquean el escudo central; el de mayor tamaño, es el gobernante Serpiente Jaguar, y el otro, su padre Escudo Jaguar. Ambos, se

Tablero del Templo del Sol. Palenque, Chiapas. Este personaje, uno de los que flanquean el escudo central del tablero, sostiene en sus manos una ofrenda. La fecha de los glifos no ha sido completamente descrifrada pero el tablero corresponde a los años 600-

apoyan sobre figuras pequeñas y sostienen en las manos, figuritas fantásticas que ofrendan al símbolo solar.

Templo de la Cruz. Se encuentra al norte de la Plaza del Sol, y sobre un basamento piramidal de bastante altura. Es similar al templo descrito anteriormente, ya que presenta una crujía doble con el pórtico al frente y, en la parte posterior, el santuario y dos celdas laterales. Es de lamentar que la fachada del pórtico, haya desaparecido, lo mismo que el friso y parte de la bóveda. La crestería se conserva, pero son escasos los fragmentos que perduran de la decoración original.

El tablero de este templo no está en Palenque, toda vez que se llevó al Museo Nacional de Antropología de la ciudad de México. En el tablero, aparece una escena de adoración, al igual que en el tablero del Templo del Sol. Pero en este caso, el objeto que se venera, es un árbol cruciforme muy semejante al que se representa en la lápida de la tumba del Templo de las Inscripciones. Se trata del árbol sagrado, eje del mundo, al que Serpiente Jaguar ofrenda la figura del Dios de los Ancestros. Al otro lado, está Escudo Jaguar, quien sostiene un objeto ceremonial en una mano.

En este templo, se conservan las lápidas que flanquean la entrada al santuario. En un lado está Serpiente Jaguar, ataviado con los emblemas reales y, en el otro, se representó al Dios del Inframundo como un anciano, vestido con una piel de tigre y un tocado complejo; ese dios fuma una pipa de forma alargada.

Templo de la Cruz Foliada. Está situado en la misma plaza, y frente al Templo del Sol. Ha sufrido un gran deterioro, ya que perdió toda la fachada y mitad de la bóveda, dejando al descubierto el muro que separaba las dos crujías integrantes del templo. Se puede observar claramente la entrada principal al santuario, marcada por un arco de gran altura. Al explorarse el basamento de este templo, se descubrieron varios objetos cilíndricos hechos de barro, que servían como braseros o urnas. Sus formas, son muy complejas, pues integran, en un mismo objeto, rostros de dioses, máscaras y seres míticos.

En cuanto al tablero de ese templo, muestra una composición similar a los dos descritos ya. Al centro, se labró una planta del maíz a la cual le ofrendan objetos, los gobernantes Serpiente Jaguar y Escudo Jaguar. Dicha planta tiene cabezas humanas, en vez de mazorcas. Corona la misma un ave celeste, con el pico característico de los pájaros acuáticos.

Templo XIV. Se encuentra a un lado del Templo del Sol, y fue uno de los últimos templos restaurados en Palenque. El basamento piramidal, está en buenas condiciones; en cambio, el templo está muy destruido, ya que conserva sólo el muro sur. Originalmente, consistía en un pórtico con tres entradas, un cuarto central con el santuario, y dos cámaras laterales; de éste, se conservan, a ambos lados de la entrada, las partes inferiores de personajes y, en el zócalo del mismo, pueden apreciarse tres cabezas fantásticas de Chac, el Dios de la Lluvia, que emergen de las hojas de una planta de maíz.

El tablero del templo, se pudo restaurar a pesar que se halló destrozado a pedazos, y se le colocó en su lugar original. En la escena central, se esculpieron dos personajes; uno de ellos en una actitud dinámica, como si estuviese bailando. El otro personaje, se levanta de una posición sedente, para ofrecerle una estatua pequeña. La escena, se ha interpretado de la siguiente manera: la figura central, representa a Serpiente Jaguar y la otra, es su madre. Ambas figuras, están colocadas sobre franjas horizontales, con conchas y otros elementos indicativos de la superficie acuática del inframundo. Según Linda Schele y Mary Ellen Miller, la escena representa al gobernante, ya fallecido, que renace del Xibalbá, o sea del inframundo, después de vencer a los Dioses de la Muerte.[43] Se considera que este tablero, se labró a principios del siglo VIII.

Acueducto. Varios arroyos, atraviesan el centro ceremonial de Palenque, y de ahí que fuera necesario que sus habitantes construyeran algunas obras hidráulicas, como puentes, canales y acueductos subterráneos. Entre el palacio y la Plaza del Sol, corre el arroyo llamado Otolum, y, para darle cauce, se hizo un acueducto que mide aproximadamente 50 m de longitud, y lo componen partes sin techar y otra abovedada. Es notable la construcción de esta última parte, ya que se utilizaron enormes bloques de piedras para los muros. Como la bóveda se alza a más de tres metros, se necesitó reforzarla con vigas de piedra. El río Otolum nace en un manantial, por lo que el canal se construyó para evitar no sólo inundaciones, sino también para aprovechar el agua pura que corre por el mismo.

---

[43] Schele y Miller, *op. cit.*

Juego de Pelota, Templo del Conde y el Grupo Norte. Estas tres construcciones, se encuentran al norte del palacio. La cancha para el juego de
pelota, es sencilla; consiste de dos muros paralelos, y es de dimensiones más
bien reducidas. No tiene anillos de piedra como los que se han descubierto en
otros sitios, pero es posible que se hayan usado anillos de madera removibles.

El Templo del Conde, presenta cinco cuerpos escalonados y una escalera
amplia, flanqueada por alfardas. El templo, se conserva bastante bien, y en los
pilares de la entrada, pueden observarse todavía algunos glifos. Sobre el techo, se localizaron los vestigios de la crestería. Debajo del piso del pórtico, se
desenterraron tres tumbas con paredes de mampostería, y losas como cubiertas. No contenían muchos restos humanos, pero se hallaron vasijas de
barro, cuentas y orejeras de jade, cuchillos de obsidiana, cuentas de concha,
objetos de hueso y caracoles pequeños, perforados.

El Grupo Norte, tiene una plataforma alargada con los restos de cinco
edificios, dos de ellos muy pequeños, de una sola pieza. Cuando se exploró
este grupo de edificios, se encontraron muchos fragmentos de la ornamentación de los pilares y frisos. Lo mismo que en las otras construcciones de este
sitio, los techos de este grupo se decoraron con cresterías.

Se encuentran también otros complejos de edificios a los que se dio el
nombre de Grupo I, Grupo II, Grupo III y Grupo IV. En muchos de ellos, se
han descubierto tumbas saqueadas en gran parte, desde hace mucho tiempo.
En el Grupo IV, se desenterró el Tablero de los Esclavos que muestra una
escena grabada, de una gran calidad.

En ese tablero, aparece un personaje principal que es el rey Chac-Zutz
(nombre que significa 'Gran Murciélago'), flanqueado por su padre, quien le
presenta el tocado de la realeza, y por su madre que le ofrenda una carita
asociada al dios Xipe, sobre la cual está el dios 'Escudo de Pedernal', un dios
ancestral de Palenque. El rey descansa sobre dos prisioneros o esclavos atados, y lleva en la mano derecha una bolsa ceremonial.

Las inscripciones glíficas de este tablero, se refieren a cuatro ceremonias
oficiadas por Chac-Zutz, y también a la captura, durante una batalla, del gobernante de Jonuta, una ciudad cercana a Palenque. Se agregan además, las
fechas de su nacimiento y los nombres de sus padres. Se considera que este
dirigente, gobernó desde 722, hasta 731 d.C.

Estilos arquitectónicos de la zona norte. En la península de Yucatán, se
originaron tres estilos arquitectónicos que produjeron edificios de gran belleza

Tablero de Los Esclavos. Palenque, Chiapas. El gobernante se encuentra sentado sobre dos prisioneros o esclavos, los cuales usan curiosamente bigote. En los extremos, dos personajes, un hombre y una mujer, le presentan el tocado de la realeza y una ofrenda.

y originalidad. Estos edificios son tan hermosos, que se les puede comparar con los mejores de la arquitectura mundial. A estos tres estilos, se les conoce con los nombres de Río Bec, Chenes y Puuc, y florecieron en el periodo Clásico Tardío (600-900 d.C.).

El primero, se desarrolló en el territorio cercano a los linderos entre Guatemala y Campeche; el segundo, se localizó más al norte, principalmente en el ángulo septentrional del estado de Campeche, y el tercero, con sitios tan importantes como Sayil, Labná y Uxmal, ocupó la región de la serranía baja, en el oeste del estado de Yucatán.

Estilo Río Bec. Uno de los estilos arquitectónicos más curiosos, que se desarrollaron en la región maya, es el estilo llamado Río Bec. El aspecto singular de ese estilo, radica en la construcción de elevadísimos basamentos piramidales en cuya parte frontal, se señala lo que parecen ser escalones pero que, en realidad, no se pueden usar como tales. Detrás de esta curiosa idea, nos agradaría reproducir los templos de gran altura de la región del Petén guatemalteco, especialmente de Tikal. De la misma manera que en esta región, los basamentos piramidales del estilo Río Bec, soportan templos pero aquí, de nuevo, dicho estilo se distingue por su originalidad pues, como es imposible subir los escalones, no tendría objeto levantar un verdadero templo, por cuyo motivo sólo se hacen templos aparentes, a los cuales no se puede penetrar.

A los basamentos piramidales, coronados por templos carentes de espacios interiores, se les ha llamado torres-símbolos, ya que es indudable que, para sus constructores, seguían teniendo la importancia de un verdadero santuario. El estilo Río Bec, es la fase final de una evolución que empezó y se desarrolló, en gran parte, en El Petén, donde los espacios internos de los templos, se hicieron cada vez más reducidos hasta que perdieron importancia, y los templos se convirtieron únicamente en símbolos, pues sus funciones ceremoniales, se trasladaron a las plazas del ceremonial.[44]

Las torres-símbolos, poseen características particulares, como son los ángulos redondeados en los basamentos, las anchas molduras limitantes de los cuerpos escalonados, casi verticales, y los templos simulados con una o varias puertas falsas.

Las fachadas de esos templos, se cubrieron por completo con elementos decorativos. Tanto en la parte superior de las puertas, como en las cresterías, aparecen mascarones con dientes prominentes. A los pies de las torres, se levantan edificios con cuartos distribuidos, tanto al frente, como detrás de las torres, y con el mismo tipo de mascarones colocados sobre las puertas y a los lados de ellas.

Entre los sitios más importantes de ese singular estilo, tenemos Río Bec, Xpuhil y Hormiguero. Uno de los edificios mejor conservados, se encuentra en Xpuhil. Tiene tres torres; dos de ellas dando a la fachada principal, y la

[44] Gendrop, 1977.

tercera hacia la fachada posterior. En las escaleras, se conservan grandes mascarones que son interesantes comparar con los mascarones labrados más al norte de la península de Yucatán. Los de Xpuhil, se componen de formas curvilíneas, como volutas y grecas cuyos ángulos se redondean, en tanto que los de los lugares más al norte, son rectilíneos, mucho más geométricos y rígidos. En los mascarones de Xpuhil, resaltan las grandes bocas abiertas, sumergidas en la sombra, que recuerdan las entradas de las cuevas.

Estilo Chenes. Los edificios del estilo Chenes, se localizan al norte de los centros del estilo Río Bec. Los constructores de esos edificios, recibieron influencias, tanto de este último estilo, como del de Puuc pero, a su vez, incidieron en sitios como Uxmal. Por esa razón, en esta ciudad, donde floreció el Puuc Clásico, se encuentran tres edificios pertenecientes al estilo Chenes. La característica principal de éste, es que se cubren todas las fachadas con elementos simbólicos, en tanto que en el Puuc, la decoración se concentra en los frisos.

En el sitio de Chicaná, en el estado de Campeche, existe una fachada típicamente Chenes, muy bien conservada; la misma se divide en tres partes. La central, es la que más llama la atención, por estar adornada en su totalidad, en tanto que en las laterales aparecen sobre las puertas, imitaciones de techos de palmas. Todo el conjunto de puertas, con estos techos, presenta el aspecto de chozas estilizadas.

La parte central de la fachada, semeja un gran mascarón, visto de frente, como si la puerta fuese como su boca. A los lados de dicha puerta, se destacan las mandíbulas superiores pertenecientes a cabezas muy estilizadas de serpientes, representadas de perfil y con ojos en forma de volutas. Las mandíbulas inferiores de esas cabezas, aparecen dobladas para prolongarse sobre el suelo; frente al edificio, mostraban así mismo colmillos, hoy desaparecidos, con excepción de uno. Flanquean a estas serpientes, diseños complejos formados de rostros fantásticos, con largas trompas, dispuestos uno encima del otro, a manera de hilera vertical.

Sobre el dintel del edificio, se recortan los colmillos del gran mascarón, ya mencionado, que presenta también ojos en forma de volutas y, a los lados, grecas y otros elementos. Se cree que la fachada de esta construcción, representa a Itzamná, el dios creador, que toma aquí su aspecto serpentiforme con atributos, tanto celestes, como terrestres.

Otra construcción semejante a la anterior, se encuentra en el sitio de Ho-chob, en el estado de Campeche. La construcción, tiene una parte central y dos alas bajas que avanzan hacia el frente. El mascarón, con volutas en vez de ojos, aparece de nuevo sobre la puerta central, flanqueada por colmillos. Pequeñas serpientes, vistas de perfil, se colocaron a los lados, y todo el res-to de la superficie, está cubierto con diseños hechos con la técnica del mo-saico. En los extremos del edificio, se levantan anchas pilastras que son es-tilizaciones de chozas con techos de palma. En la parte superior de los mismos, se modelaron un estuco, caras humanas con rasgos faciales burdos. En los ejes centrales de las chozas, hay franjas continuas de rombos. Para completar esta singular fachada, se colocó una crestería calada, con hileras de figuras humanas de pie. Una réplica de este edificio, puede observarse en el Museo Nacional de Antropología de la ciudad de México.

Una construcción atípica por sus rasgos especiales, es el edificio que se conoce como el Codz-Pop, que se sitúa en el estado de Yucatán. Lo incluimos aquí porque toda su fachada se cubrió con mascarones del dios Chac, al es-tilo de las portadas chenes. Al ver el Codz-Pop, viene a la mente lo expues-to en la introducción a este capítulo, en cuanto a que toda la fachada, parece una letanía continua, dirigida al Dios de la Lluvia, rogándole envíe el agua necesaria para las plantas.

Los mascarones, de trompas ganchudas, invaden todo el edificio, desde el zócalo, hasta el friso, con excepción de las molduras que marcan los límites horizontales entre las partes componentes de la portada. De lejos, no es po-sible entender la complejidad del diseño, y se perciben sólo zonas luminosas o sombreadas, pero de cerca, se puede observar lo intrincado de las partes labradas por separado, y después ensambladas con la técnica del mosaico. Cada mascarón, está terminado cuidadosamente con elementos decorativos, encima y debajo de los ojos. Es asombroso observar cómo se trató de dife-renciar a cada uno, por medio de detalles menores. Tanto en el exterior, como en el interior del edificio, aparecen mascarones cuyas trompas funcionan como escalones que comunican los niveles diferentes de la construcción.

Estilo Puuc. Nuevos estudios, han permitido definir fases evolutivas y va-riantes en la arquitectura que antes se englobaba bajo el término Puuc. En las fases anteriores al estilo Puuc clásico, es notorio, sobre todo, el labrado tos-co de las piedras y las superficies irregulares de los muros. Además, se em-plean todavía figuras modeladas en estuco, que se pintan con colores bri-

Mascarón de Chac. Kabáh, Yucatán. Estos mascarones del Dios de la Lluvia se encuentran continuamente en la decoración de los edificios de la región Puuc en Yucatán. Una prueba más de la importancia que tenía la lluvia para obtener el agua que beneficiaba las cosechas, y almacenada en cenotes y chultúnes servía a la población para beber.

llantes. En éstas, se usan contornos curvos que posteriormente desaparecerán, para dar lugar a diseños geométricos.[45]

En la evolución del Puuc, se modifican las molduras limitantes de los muros. Estas, pueden ser basales, si están en las bases de los edificios o medias si se encuentran en los paramentos superiores. De molduras sencillas, se vuelven elaboradas y, aunque lo más común es que tengan tres elementos (uno recto y dos inclinados), se componen en algunos casos de cinco o seis elementos. Otro rasgo que varía, es la crestería, común en los estilos más tempranos, pero con tendencia a utilizarse con menor frecuencia, hasta que llega a desaparecer en el estilo Puuc clásico. Las cresterías, cuando aparecen, se colocan sobre el muro frontal o central, y pueden presentar figuras hechas de estuco.

El estilo Puuc temprano, tiene particularidades interesantes que merecen mencionarse. La primera, es que los edificios tienen entradas dobles o triples, con columnas cilíndricas de capiteles cuadrados. En segunda instancia, se

[45] Andrews, 1986.

graban jeroglíficos en las jambas, dinteles, columnas, e incluso en las paredes. En las construcciones, se abandonan los bloques en los muros y se prefieren bóvedas y paramentos hechos de mampostería y revestidos con bloques labrados.

En el estilo Puuc clásico, se observan tres variantes a las que el arquitecto Andrews llama Junquillo, Mosaico y Uxmal Tardía. En los primeros dos casos, los nombres se deben al tipo de decoración, y al tercero se le llamó así por ser un desarrollo local y tardío, ya que se restringe exclusivamente a los edificios principales de Uxmal.[46]

Los rasgos distintivos de la variante Junquillo, son las columnillas o junquillos, medio redondeados, que se empotran en el núcleo de mampostería por medio de espigas. Alguna que otra vez, se combinan estas hileras de junquillos con paneles lisos, o figuras geométricas pequeñas como las llamadas bolas de piedra. Las molduras limitantes de los paramentos, se vuelven muy elaboradas, con tres o seis elementos; además, las bóvedas aumentan de altura. Para enfatizar la horizontalidad de las fachadas, se eliminan las cresterías. Esta variante estilística, gozó de gran popularidad, superior a la del mosaico. Según George F. Andrews, existen más de 70 edificios con esta variante en 44 de los sitios conocidos hasta hoy.

Muy conocida, es la variante llamada Mosaico, ya que los edificios más fotografiados de centros como Uxmal, Kabah, Sayil y Labná, pertenecen a ella. Como el nombre lo indica, la técnica usada es el mosaico, que consiste en unir elementos pequeños de piedra, labrados individualmente y unidos para formar diseños geométricos, como grecas escalonadas, grecas de contornos dobles, celosías, mascarones de narices prominentes, zig-zags dentados y diseños de petates.

A pesar del repertorio relativamente reducido, los artífices lograron una variedad impresionante en la ornamentación de los edificios. No existe una construcción igual a otra ya que en todas ellas hay siempre combinaciones singulares en los elementos decorativos. Es asombroso el trabajo que se requería en este tipo de fachadas, pues las piedras se cortaban cuidadosamente, tanto para lograr los muros lisos, como para crear los adornos. El corte de la piedra, es perfecto, y la paciencia y la pericia tenían que ir unidas, a fin de producir las elegantes estructuras características de este estilo.

[46] *Ibid.*

Vale la pena señalar dos detalles en la variante Mosaico. Uno de ellos, es el uso de pequeños junquillos limitados por franjas lisas en las molduras, y el otro, es la concentración de los adornos en la parte superior de los muros.

La variante Uxmal Tardía, se desarrolló después de las variantes mencionadas ya.[47] Como rasgos distintivos de la misma, tenemos las celosías elaboradas con perfiles dentados y rombos pequeños en sus interiores, la representación de chozas inspirada en la de los campesinos, y el uso de ciertos elementos tales como serpientes, búhos y tlálocs. Los diseños, inspirados en las serpientes, son muy variados, ya que pueden reducirse únicamente a las cabezas serpentinas que suelen colocarse en las esquinas de los edificios, o puede ser el cuerpo completo labrado bien en forma realística o estilizada.

En la variante Uxmal Tardía, desaparecen los junquillos, con excepción de los pequeños tallados en las molduras; en cambio, se agregan a las fachadas, tanto figuras humanas, como figuras de distintos animales. Otra característica singular, es el remetimiento de las jambas y los dinteles en las entradas de los edificios. La variante Uxmal Tardía, presenta la máxima perfección en el labrado de los numerosos elementos componentes de los mosaicos decorativos.

Sayil

Las ruinas de Sayil, se localizan en la parte suroeste del estado de Yucatán, cerca del de Campeche. Falta mucho todavía por explorar en esta región que es bastante grande, pues cuenta con cientos de estructuras. Los edificios restaurados, son el Palacio, el Mirador y otra construcción cercana a la cancha para el juego de pelota.

El Palacio, es un edificio de gran elegancia, no obstante tener partes muy destruidas. Como es común en el estilo Puuc, se enfatiza la horizontalidad, ya que los tres pisos componentes del palacio, son alargados y más bien de escasa altura. Al centro del edificio, se encuentra la escalinata. Una de las alas del primer piso, está sumamente deteriorada; la otra, presenta un carácter austero, debido a que el friso se decoró sólo a base de junquillos con ataduras.

El segundo piso del Palacio, se abre al exterior por medio de vanos amplios, separados por columnas de capiteles sencillos. La combinación armoniosa de columnas, vanos y muros adornados (estos últimos con junquillos),

[47] *Ibid.*

Mascarón de Chac en el Gran Palacio de Sayil, Yucatán. El edificio del Palacio es uno de los más característicos de esa zona arqueológica. Máscaras del Dios de la Lluvia decoran su fachada y esquinas.

confieren un ritmo armonioso a la fachada. Los junquillos, se escogieron así mismo para ornamentar el zócalo, las molduras y partes del paramento superior. Sobresalen en el friso, grandes mascarones con dientes y narices prominentes que alternan con dos serpientes de cuerpos abreviados, dispuestas a los lados de la imagen del Dios Descendente.

En cuanto al tercer piso, pudiera calificarse como sencillo y sobrio, ya que los muros lisos se adornaron únicamente en las superficies, en la parte superior de las puertas; estos adornos, hechos quizá en estuco, han desaparecido y quedan sólo las espigas que los sostenían. Es interesante observar cómo este edificio, a pesar de ser asimétrico (pues las dos alas inferiores son diferentes), nos produce una sensación de armonía muy placentera.

El llamado Mirador, es un templo de crestería alta, apoyada sobre el muro central; ésta, tiene una serie de perforaciones rectangulares. La fachada ha desaparecido, dejando al descubierto la pared interior. El otro edificio, situado cerca de la cancha del juego de pelota, se conserva bien y toda la portada se cubrió con junquillos labrados cuidadosamente, y parece ser que en su forma original, formaba parte de un conjunto cuadrangular.

Labná

Este centro, se localiza en el suroeste del estado de Yucatán. Encontramos ahí, al igual que en Sayil, ejemplos excepcionales de la arquitectura Puuc. Exis-

Decoración de una esquina del Palacio de Labná, Yucatán un importante centro ceremonial de la región Puuc. El mascarón corresponde al final del periodo maya-tolteca, y está compuesto por la boca abierta de una serpiente que representa al Dios de la Lluvia y un rostro humano que emerge del interior.

te un número considerable de montículos y terrazas, que no han sido explorados; algunos de éstos, tal vez restos de las plataformas sobre las que los mayas acostumbraban construir sus casas. Se hallaron, además, *chultunes* empleados como depósitos de agua, que permiten calcular que en Labná, vivían unos 3000 habitantes, ya que el número de *chultunes*, sería suficiente como para cubrir sus necesidades de agua.[48]

[48] Andrews, 1975, p. 340.

Los edificios principales de Labná, se distribuyen alrededor de una plaza central, aunque es necesario aclarar que no se logró una planificación armónica entre los mismos. Un ejemplo de ello, es que la pirámide principal, no se orientó hacia la plaza; por el contrario, da la espalda al Palacio. Este, tampoco se integró adecuadamente, pues las diversas las partes que lo componen, no fueron concebidas como una unidad, a diferencia del Palacio de Sayil que, a pesar de no ser simétrico, resulta balanceado y armonioso. Ambos palacios, fueron el resultado de varias etapas de edificación.

Hileras de junquillos con ataduras, flanquean las entradas del piso inferior del Palacio de Labná y, sobre éstas, se colocaron mascarones de trompas largas. La decoración, se completa con grecas de contornos dobles y diseños de petates, dentro de marcos lisos. En las esquinas, llaman la atención grandes mascarones con ganchos como narices, y mandíbulas proyectadas hacia el frente, en cuyo interior aparecen rostros humanos. No se descuidó ningún detalle de la composición ornamental, como puede advertirse en las molduras y los zócalos compuestos de hileras de medias columnas y grecas escalonadas.

En el piso superior del Palacio, hay vanos amplios con dobles columnas que alternan con entradas sencillas. Desafortunadamente, está bastante destruido pero, de lo que se conserva, podemos decir que son similares la ornamentación del friso a la del piso bajo, aunque los muros entre los vanos se dejan lisos, en vez de adornarlos con junquillos. Un aspecto interesante de este Palacio, es que tiene un *chultún* debajo de la terraza que sirve de apoyo al piso superior.

Una de las joyas de la arquitectura maya, es el arco de Labná, tanto por su forma y tamaño, como por la decoración que ostenta. Dicho arco comunicaba dos conjuntos de edificios, hoy en ruinas. Cada una de las dos fachadas del arco, se adornaron de manera diferente. Una de ellas, es más bien sobria, con un amplio friso limitado por molduras. La moldura inferior, tiene franjas dentadas, en tanto que en la superior, se labraron grecas escalonadas. En el friso se destacan, en un fuerte relieve, grecas y dados, éstos colocados en forma de "uves", invertidas sobre un fondo de junquillos. El arco se corona con una moldura de grecas escalonadas y con una franja lisa.

Para ornamentar la otra fachada, se seleccionaron elementos favoritos del estilo Puuc, como son los diseños que reproducen las chozas sobre un fondo de celosías y, en la única esquina que queda libre de los edificios adyacentes, el mascarón de nariz ganchuda prominente. Dentro de las chozas, hubo originalmente personajes sentados, con las piernas cruzadas y modelados en estuco. Estos, han desaparecido, pero quedan vestigios de las plumas de sus tocados, y de las espigas que servían de armazón de sostén a toda la decoración.

De la crestería, quedan los suficientes restos como para saber que se dividía en tres partes que ostentaban pequeñas aberturas rectangulares. Es muy probable que, al principio, el arco estuviera aislado, y después se construyeran los edificios a los cuales se une. Quizá, el arco marcaba originalmente, el inicio de un *sacbé*, camino elevado y pavimentado con piedras.

En cuanto a la pirámide principal, de altura considerable, tiene en la cúspide un templo grande, sólo parcialmente conservado. La crestería, es alta y se apoya sobre el muro frontal; ésta, mostraba una ornamentación compleja, con mascarones estucados, desaparecidos hoy, pero que hace años, describió John L. Stephens. Este viajero estuvo en Labná, en 1841, y pudo observar la decoración original que contenía multitud de figuras estucadas y pintadas en vivos colores.

Todos los edificios de Labná, pueden considerarse dentro del periodo Clásico Tardío (600-900 d.C.), y hay una fecha correspondiente al año 862 d.C., grabada en uno de los mascarones de la fachada del Palacio.

Uxmal

Es la mejor conocida de las ruinas localizadas en la región Puuc, y famosa mundialmente por la majestuosidad de sus edificios. Dicha región, bastante fértil, afronta el problema de la carencia de agua, ya que no tiene ríos. Los habitantes de la antigüedad, resolvieron este problema por medio de los *chultunes*, o sea cisternas excavadas en el suelo, y con las aguadas impermeabilizadas con aplanados de cal, aunque por supuesto, las lluvias eran indispensables.

La época de mayor apogeo de Uxmal, comprende los años 600 a 1000 d.C., y las bases económicas de este florecimiento, fueron la agricultura y el comercio. Uxmal dominaba el área suroeste de Yucatán, y era una de las principales capitales de los mayas del norte de la península. El número y la variedad de estructuras construidas de esa época, son impresionantes, y así tenemos: palacios sobre grandes plataformas, basamentos piramidales con templos, cuadrángulos como el Cuadrángulo de las Monjas, adoratorios, un Juego de Pelota y caminos, además de los montículos sobre los cuales descansaban las casas de los pobladores. Se considera que Uxmal tenía de 20000 a 25000 habitantes.[49]

Después del año 1000 d. C., la actividad constructiva cesó casi por completo, coincidiendo con la llegada de nuevas gentes, llamadas los xiu. Estos, eran de origen mexicano, como lo demuestran no sólo su nombre y los de sus caudillos, sino así mismo las fuentes históricas. Los xiu tenían fama de ser grandes devotos del dios Kukulcán-Quetzalcóatl, y por ello no es de extrañar que hayan agregado serpientes emplumadas a los edificios de Uxmal.

El centro ceremonial de esa ciudad, ocupa una extensión aproximada de un kilómetro, de norte a sur, por 600 metros de este a oeste. Los edificios principales son: la Pirámide del Adivino, el Cuadrángulo de las Monjas, el Juego de Pelota, el Palacio del Gobernador, la Acrópolis (formado en parte por el conjunto del Palomar), el Cementerio y el Grupo Norte. Varios de estos edificios, se disponen alrededor de patios, formando cuadrángulos. Alrededor del centro de la ciudad, se encuentran los restos de los montículos habitacionales.

El genio arquitectónico de los mayas, se refleja en la planificación de esta ciudad, ya que la colocación de las construcciones no se hizo al azar, sino tomando en cuenta las diferentes vistas que se observarían al recorrerla. Según comenta George F. Andrews, "la planificación de Uxmal, muestra la geometría más precisa de todas las ciudades mayas, con excepción de Copán."[50]

Veamos ejemplos concretos de cómo los mayas, lograron las vistas a las cuales nos referimos en el párrafo anterior. El Cuadrángulo de las Monjas, es un patio limitado por edificios en sus cuatro lados; cada uno de éstos, presenta una altura diferente y decoración distinta. El Edificio Norte, tiene la mayor elevación, en tanto que el del Sur está al nivel del patio. Esto hace que, al contemplarse el conjunto desde el Palacio del Gobernador, pareciera que el Edificio Sur tuviera dos pisos, pues el Edificio Norte, al estar más elevado, muestra su fachada sobre el edificio Sur. Al mismo tiempo, podemos apreciar el gran arco, en el centro de la fachada, que nos permite mirar hacia adentro de dicho cuadrángulo. Si cambiamos nuestro punto de observación, y nos colocamos en la cancha del Juego de Pelota, ya no veremos el Edificio Norte,

---

[49] Barrera, 1985, p. 33

[50] Andrews, 1975, p. 286.

con excepción de las máscaras que coronan su fachada y que se destacan bellamente como contornos dentados en contra del cielo.

Si realizamos un recorrido en la dirección opuesta, encontraremos también una serie de vistas interesantes. Empezaremos por situarnos en la plataforma del Edificio Norte del mismo Cuadrángulo. Al frente, tenemos el patio y edificio Sur, pero en la lejanía veremos únicamente construcciones voluminosas, como el Palacio del Gobernador, la Gran Pirámide, la Pirámide de La Vieja y el Adivino. Como comenta el arquitecto Andrews, resulta imponente estar rodeado por grandes masas hechas por el hombre. Otra vista impresionante es la que se contempla desde el arco de entrada al Cuadrángulo, ya que desde ahí se pueden ver el Juego de Pelota y la plataforma sobre la que están colocados la Casa de las Tortugas y el Palacio del Gobernador. La vista de estos dos últimos edificios, está cuidadosamente proyectada para que los podamos apreciar en toda su hermosura. Por último, si nos asomamos por la puerta central de la Casa de las Tortugas, tenemos una grata vista del arco principal del Cuadrángulo de las Monjas, así como del edificio Norte con su decorado excepcional.

Pirámide del Adivino. Es un edificio singular, pues no presenta la planta rectangular típica de las pirámides mesoamericanas, ya que su planta es elíptica; además, a primera vista, no parece tener más que dos cuerpos. Las razones de esta particular forma, son las varias superposiciones que componen el monumento, que describiremos a continuación. La parte más antigua, conocida como el Templo I, se encuentra del lado poniente. Este templo, está adornado con secciones lisas, alternadas con grupos de tres columnas. En el friso, hay mascarones del Dios de la Lluvia, combinados con relieves de la deidad Tláloc, con el signo del año sobre la frente, y a los lados de la cabeza, tal como se acostumbraba a representarlo en el centro de México. Sobre la puerta, se conservan dos grandes mascarones del dios Chac, debajo de los cuales estaba una cabeza de serpiente, de cuyas fauces emerge la cabeza de un sacerdote, con tatuajes sobre la mejilla.

En la siguiente etapa de la construcción, se procedió a rellenar los cuartos del Templo I, sobre los cuales se edificaron una pirámide y el Templo II. Este templo, que no es visible desde el exterior, tiene tres cámaras con pórticos de dos columnas cilíndricas. En los espacios entre uno y otro cuarto, se colocaron columnas simuladas y revestidas de piedras labradas. Estos elementos, aunados a la existencia de una crestería, indican que este edificio corresponde al Puuc Temprano (siglo VIII). Se descubrieron, así mismo, dibujos en el piso y paredes, consistentes en figuras antropomorfas, zoomorfas y geométricas.

La tercera fase de la construcción, corresponde a otro templo que tampoco se puede ver desde el exterior, y al cual se le conoce como el Templo III o Templo Interior Poniente. Dicho templo está adosado a la fachada posterior del Templo II, y tiene únicamente, una antecámara y un santuario. La fachada la forma un friso inclinado, característico de los edificios de la región ubicada más al sur de Yucatán.

El Templo IV, visible desde el lado poniente, se distingue por su hermosa escalinata con mascarones que le sirven de alfardas. Esta escalinata es única en su género y presenta, al centro y poco antes de llegar a la plataforma superior, un mascarón.

En el Templo IV, la ornamentación no se redujo al friso, sino que cubre toda la fachada, por lo que se le conoce como el Templo Chenes. Todo el conjunto de la fachada, semeja un mascarón del Dios de la Lluvia, y la boca del mismo, es la entrada al templo. Sobre la nariz del gran mascarón, hay un nicho y es posible que en él estuviera empotrada la escultura de algún personaje importante. A ambos lados de la puerta, se encuentran paneles con jeroglíficos, así como los restos de personajes.

La última fase constructiva de la Pirámide del Adivino, corresponde al Templo V que puede fecharse entre 1000 y 1050 d.C. en la fase terminal del Puuc Tardío. En ésta, se añadió un cuerpo de la pirámide y ocultaron así los templos interiores, además de las fachadas laterales del Templo Chenes. El templo en sí, se compone de tres cámaras independientes, siendo la principal la que da al poniente.

El templo tiene dos fachadas, cada una con decoración diferente. La que da al poniente, es la principal y está decorada con celosía y huellas de figuras de pie, además de serpientes entrelazadas. En la fachada oriente, se representaron chozas de palmas y es probable que en el interior de las mismas, se hayan colocado ídolos de piedra.

El nombre de la Pirámide del Adivino, proviene de una leyenda sobre un enano que desafió al rey de Uxmal y salió vencedor en varias pruebas; una de ellas, construir un palacio en una noche, y otra, romper nueces de cocoyoles con su cabeza. Como salió vencedor de todas ellas, se le nombró gobernante de Uxmal.

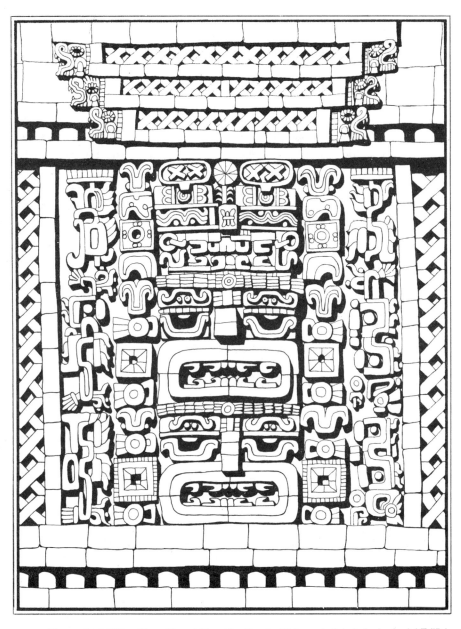

Mascarón del Dios Chac, Uxmal, Yucatán. En el edificio central de la fachada del Edificio Este del Cuadrángulo de las Monjas, se encuentra este elaborado mascarón enmarcado por grecas, columnillas y tres bandas rematadas con cabezas de serpientes.

Cuadrángulo de las Monjas. Es una de las joyas de la arquitectura maya, y corresponde al Puuc Tardío (900-1000 d.C.). Lo forman cuatro edificios alargados que circundan un amplio patio. Este no es exactamente rectangular, pues mide 65 por 45 m. El acceso principal, lo tiene por el lado sur, donde se encuentra una ancha escalinata y un elegante arco abovedado. A los conquistadores, les recordó los conventos españoles, pues semeja un claustro con numerosas celdas y un atrio central; lo más probable, es que este conjunto sirviera como residencia de los nobles o sacerdotes. En el centro del patio, quedan vestigios de una pequeña plataforma cuadrada, sobre la cual se encuentra un jaguar hecho de piedra.

Edificio Sur. Es el único que tiene acceso por sus dos fachadas principales, que dan, una al norte y la otra al sur. Su puerta principal, la forma un amplio pasillo abovedado que es, a la vez, la entrada al Cuadrángulo de las Monjas. Los frisos de ambas fachadas, son semejantes, con secciones lisas que se alternan con secciones de celosías, aparte de grupos de tres columnas con ataduras. Sobre las puertas, se colocaron chozas y mascarones de Chac, de cuyos ojos brotan elementos ondulantes indicativos de la lluvia. El Edificio Sur, es el que tiene la ornamentación más sencilla, y carece de los vanos remetidos que caracterizan a las entradas de los demás edificios.

Edificio Oriente. Es el más pequeño de los cuatro edificios que forman este conjunto. Su decoración es elegante, ya que sobre un panel de celosías, se disponen grupos de ocho barras que rematan en cabezas de serpientes; estas barras van aumentando de longitud, de abajo para arriba, formando trapecios. En la parte superior de cada trapecio, se encuentra empotrada la cabeza de un búho. Sobre la puerta principal y en las esquinas del edificio, se alzan tres mascarones superpuestos del Dios de la Lluvia. Todas las entradas, muestran los vanos remetidos, la puerta central es más amplia y se encuentra a mayor distancia de las otras, para enfatizar así su importancia.

Edificio Poniente. La ornamentación del friso de este edificio, es compleja y carece de claridad. Esta falta de claridad, se debe a que no se repiten los mismos elementos sobre las puertas y, además, en el fondo, se combinan paños de fajas dentadas con grecas. Para complicar aún más su apariencia, se agregaron cuerpos de serpientes en una época posterior.

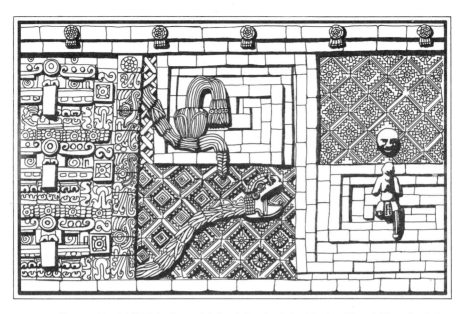

Decoración del Edificio Oeste del Cuadrángulo de las Monjas, Uxmal, Yucatán. Sobre los paneles del fondo se colocaron serpientes de cascabel emplumadas, posiblemente durante la época maya-tolteca.

Veamos primero los elementos que aparecen sobre las puertas. En las de los extremos, hay chozas coronadas con mascarones de Chac; en las puertas que siguen, se dispusieron tres mascarones superpuestos; las siguientes, llevan encima tronos pequeños y, finalmente, sobre la puerta central, se colocó un trono cubierto con un dosel de plumas. Sobre el trono, se encuentra de pie un ser mítico, con cabeza de anciano y cuerpo de tortuga.

En cuanto a las serpientes agregadas subsecuentemente, se trata de serpientes emplumadas cuyos cuerpos corren paralelos a las cornisas, y se entrelazan de trecho en trecho. De las fauces de cada una, brota una cabeza humana y, encima de las colas de cascabeles, llevan grandes borlas y penachos de plumas. Se cree que estos cuerpos serpentiformes, se deben a los putunes, o a los invasores xiu que traían influencias del centro de México. Estos empotraron, en la fachada, esculturas de guerreros e individuos desnudos, con los órganos sexuales tatuados.

Edificio Norte. Es el de mayor importancia por su ubicación, ya que ve hacia la entrada, y su altura, pues es el más elevado de los cuatro edificios integrantes del conjunto. Su amplia escalinata la flanquean dos pequeñas construcciones. La que se sitúa al poniente, se le conoce como el Templo de Venus, ya que se creía que el símbolo de este planeta formaba parte del friso. Actualmente, se supone que no se trata de ese símbolo, sino de mascarones muy estilizados del Dios de la Lluvia. Este templo de Venus, comprende un pórtico de cuatro pilares monolíticos y tres cuartos al fondo. El friso, son celosías de contornos dentados, parece un verdadero encaje. En las esquinas, se colocaron los mascarones usuales de ese dios, con las trompas en forma de ganchos. La otra construcción lateral es de menor tamaño, pues tiene sólo dos pilares en su pórtico y un cuarto posterior. Es de lamentar que la decoración del friso haya desaparecido por completo.

En cuanto al Edificio Norte, es en sí, el de mayor tamaño. En la ornamentación del friso, se combinan varios elementos, como son las chozas, los mascarones superpuestos de Chac, las fajas dentadas que se entrecruzan, y las grecas de contornos dobles. Como rasgo particular tenemos que, sobre la cornisa que corona al friso, se colocaron mascarones provistos de signos del año, al estilo teotihuacano. Debajo de cada una de las pequeñas chozas del friso, existieron esculturas en bulto de jaguares unidos por la cola.

Juego de Pelota. Se encuentra entre el Cuadrángulo de las Monjas y la terraza del Palacio del Gobernador. Aunque bastante destruido, puede uno hacerse una idea de su apariencia original. Tiene dos muros paralelos de 34 m.de largo y 6 m.de alto. Contaba con escaleras en las caras exteriores de dichos muros, para ascender a los edificios que servían de tribunas que ocupaban los nobles. En los muros verticales, se encontraban anillos empotrados, de los cuales se hallaron restos. Estos anillos, hechos de piedra, tienen grabadas fechas que Alberto Ruz, considera corresponden al año 649 d.C., aunque algunos investigadores difieren en su lectura.

Palacio del Gobernador. Se le considera como uno de los edificios más hermosos de toda la arquitectura mesoamericana. Tanto en él, como en el Cuadrángulo de las Monjas, la técnica del trabajo en mosaico llegó a su perfección máxima. El Palacio del Gobernador logra dar, en su fachada, una impresión de armonía entre los muros lisos y frisos ornamentados. En éste, predomina la horizontalidad, por ser un edificio muy alargado y sin crestería; empero, no se siente pesado, porque se divide en tres partes, la central, de mucho mayor tamaño en relación con las laterales. Las altísimas bóvedas que unen las tres partes componentes, ayudan así mismo a aligerar el edificio.

El Palacio del Gobernador, se edificó sobre una terraza con una amplia escalinata al poniente. Tiene una longitud aproximada de 100 m de largo por 12 de ancho y 9 de alto. Originalmente, el edificio central estaba unido a los anexos laterales, por medio de pasillos abovedados, lo que permitía el paso del frente del edificio a la parte de atrás, sin tener que caminar hasta los extremos. Posteriormente, los pasillos se cerraron y construyeron celdas con pórticos provistos de columnas.

La parte inferior de la fachada es lisa, pues la ornamentación se concentró en el friso. Las puertas tienen vanos remetidos y la central es de mayor tamaño, lo que acentúa su jerarquía. Todo el fondo del friso, se cubrió de celosía sobre la cual destacan los elementos decorativos, que son: grecas de contornos dobles, dados o cubos de piedra y los mascarones del dios Chac, los cuales, a lo largo de todo el friso, forman una especie de guirnalda. Hay detalles que muestran la gran originalidad de los mayas; un ejemplo, sobre la cornisa ondula una serpiente cuya cabeza, se proyecta en cada extremo.

Sobre la entrada central, se destaca la escultura de un personaje importante que pudiera ser el gobernador o el rey de la ciudad. Está sentado sobre un trono semicircular, y se cubre con un vistoso penacho de plumas que casi ha desaparecido. De este personaje, quedan únicamente partes del torso y de los miembros. A sus lados, se colocaron unas barras que terminan en cabezas de serpientes.

Una plataforma pequeña está situada en el centro de la terraza, frente al Palacio del Gobernador. Tiene escaleras en sus cuatro lados, y en la parte superior, una escultura de un jaguar con dos cabezas que eran el trono. En el interior de la plataforma, se descubrió una valiosa ofrenda de joyas, puntas de lanzas, cuchillos de pedernal, navajas de obsidiana, vasijas de tecalli y conchas.

Casa de las Tortugas. Sobre la misma gran terraza donde está el Palacio del Gobernador, se encuentra un templo de dimensiones pequeñas, que llama la atención por sus proporciones armónicas y su ornamentación sencilla, pero elegante; se trata de la Casa de las Tortugas.

Como es común en Uxmal, la decoración se limita al friso que presenta hileras de columnillas, y a la cornisa donde se empotraron tortugas pequeñas, y de ahí el nombre que se dio al edificio. Aunque a simple vista las tortugas parecen iguales, al observarlas con cuidado, nos damos cuenta que son de tamaño y diseño diferentes. La Casa de las Tortugas, se dedicaba al culto acuático, puesto que las tortugas se asociaban a la lluvia. Se considera que este edificio, es anterior al Palacio del Gobernador y su estilo pertenece al Junquillo que se desarrolló entre 800 y 900 d.C.

Templo Mayor o Gran Pirámide. Al suroeste del Palacio del Gobernador, se alza esta gran pirámide de 30 m de altura, recientemente reconstruida. Tiene planta cuadrangular y nueve cuerpos escalonados. La escalinata, localizada en su lado norte, conduce a una plataforma sobre la cual, se edificó el templo. Es bastante antiguo y su decoración diferente, en cuanto que toda la fachada muestra elementos ornamentales, lo cual recuerda el estilo Chenes; además, la técnica del mosaico, es un tanto burda. Por estas dos razones, se supone que se construyó antes que la mayor parte de los edificios de Uxmal, probablemente a mediados del siglo VIII.

La fachada, ostenta algunos elementos comunes, como grecas, fajas cruzadas, bandas de serpientes entrelazadas y mascarones del Dios Chac, pero tiene así mismo guacamayas, no siendo esto usual; éstas, aparecen en diversas posiciones, dando la impresión que estuvieran volando. Las guacamayas, estaban relacionadas con el culto solar. Los mascarones de Chac, se superponen en las esquinas y muestran así mismo, dos rasgos poco comunes: narigueras que sobresalen acentuadamente y rostros humanos muy pequeños, dentro de las fauces.

En una de las puertas principales del templo hay, sobre el suelo, un mascarón del dios Chac, cuya nariz enrollada sirve de peldaño, recordando los mascarones utilizados como escalones en el edificio Codz Pop, del centro ceremonial de Kabáh.

El Palomar y la Acrópolis. El Palomar, es parte de un conjunto al que se le puede llamar Acrópolis, porque tiene varias estructuras colocadas alrededor de plazas que se comunican por escaleras, dispuestas en varios niveles. El edificio principal, que es un templo, se encuentra en el nivel más alto y a la mayor distancia de la plaza principal. A este templo mayor tenían sólo acceso los sacerdotes y nobles. La Acrópolis de Uxmal, el complejo más grande de todo este centro, está actualmente muy destruida, por lo que es difícil darse cuenta de los diversos grupos de construcciones que la formaban.

La Acrópolis, se sitúa en el costado oeste de la Gran Pirámide. La parte mejor conservada, llamada El Palomar debido a que muestra una crestería calada, señala el límite entre el primer cuadrángulo de edificios y el segundo. La semejanza de la crestería calada con un palomar, dio origen al nombre con el que se le conoce. La crestería estaba adornada con relieves y figuras en bulto de estuco; de los primeros, quedan vestigios y de las segundas, únicamente las espigas que actuaban como sostén. Por ser única la forma de esa crestería, se piensa que corresponde a la fase tardía del estilo Puuc.

Como se dijo ya, los otros edificios de este complejo, están muy destruidos, pero destaca la gran pirámide coronada por el templo que marcaba el límite meridional de la Acrópolis.

No sería posible describir aquí todos los monumentos de Uxmal; así pues, mencionaremos solamente los demás. Estos son: el Grupo del Cementerio, la Plataforma de las Estelas, el Arco, la Casa de la Vieja, el Grupo Norte, el Templo del Chimez y el Templo de los Falos.

Chichén-Itzá

Las ruinas de Chichén-Itzá, son de especial interés por varias razones. Una de ellas, es la extensión enorme que cubren y los muchos monumentos existentes, bien conservados. Otra razón, es que en las construcciones, se mezclan dos estilos diferentes, y algunas de ellas tienen caracteres originales. Chichén-Itzá, se destaca así mismo porque se conservan ahí obras importantes, tanto en la arquitectura, como en la escultura y pintura. Muchos de los edificios de Chichén-Itzá, están cubiertos por bajorrelieves. Se puede decir que en esta ciudad, el relieve llegó a su auge máximo. Algunos visitantes de las ruinas, no se percatan de ello porque esos relieves han perdido su brillante colorido original. Tanto éstos, como las pinturas murales, nos proporcionan datos sobre las costumbres y modo de vida de sus antiguos habitantes.

Para el estudio de Chichén-Itzá, contamos no sólo con la información arqueológica, sino también con las fuentes históricas. Pero es en estas fuentes, donde se funde la historia verdadera con las leyendas, los mitos y las profecías. Hay dos aspectos que, hasta el momento, son motivo de discusión: uno es la cronología del sitio y el otro es por qué existen numerosas similitudes en la arquitectura y escultura entre Chichén-Itzá y las que se encuentran en Tula, localizada ésta en el estado de Hidalgo. En cuanto a la cronología, se ha revisado recientemente y se cree que el apogeo de Chichén-Itzá, fue contemporáneo al de los principales centros Puuc, como serían Uxmal, Labná, Sayil y Kabáh. Esta contemporaneidad, abarca también los edificios con características toltecas que tradicionalmente se han considerado como más tardíos. En cuanto al segundo punto, existe diversidad de opiniones, puesto que algunos arqueólogos opinan que fueron los Itzá, es decir, los habitantes de dicha ciudad, quienes llevaron un estilo artístico ya desarrollado, de Chichén-Itzá a Tula. Otros opinan que fueron los toltecas, o grupos mayenses, influenciados por ellos, los que construyeron los monumentos con caracteres novedosos.

El nombre de Chichén-Itzá, significa "boca del pozo de los Itzá", y la palabra pozo se refiere al cenote principal o Cenote Sagrado. Según narra el libro *Chilam Balam de Chumayel*, a Chichén-Itzá la descubrió un grupo, por los años de 435 a 455 de nuestra era. La misma fuente histórica, precisa que se la ocupó por 200 años y luego, se le abandonó. No se sabe con certeza, sin embargo, a qué grupo se refiere dicha fuente. Es probable que fueran los itzá que se han identificado como putún maya y que llegaran al sitio alrededor de 918 d.C. Los putún maya, eran principalmente comerciantes y traían influencias del altiplano central de México. El famoso dirigente Kukulcán y sus seguidores toltecas, parecen haber llegado a Chichén-Itzá un poco más tarde, por el año de 987 d.C., cuando se convirtió en el centro político más poderoso de la parte norte de la península de Yucatán. A la ciudad se la abandonó en 1250 d.C., pero continuó siendo un importante centro de peregrinaje, debido al Cenote Sagrado.

El sitio de Chichén-Itzá, comprende centenares de estructuras, dentro de un área de 5 km². Su importancia económica, se debió a que sus habitantes supieron explotar los recursos naturales, sobre todo agrícolas y marinos. Además, podían obtener fácilmente la sal, usada, tanto para el consumo local, como para el comercio. El agua potable, se extraía de varios cenotes, de *chultunes* y pozos artificiales.

En cuanto a la planificación de la ciudad, los edificios se encuentran distribuidos en varias plazas, algunas de gran tamaño. No se logró, empero, un todo unificado, ya que los monumentos no muestran una relación clara entre sí. Esto se debe, probablemente, a que la ciudad se construyó en diferentes épocas.

Tradicionalmente, se conoce una parte de la ciudad como Chichén Viejo, y la otra como Chichén Nuevo pero, en la primera, hallamos, tanto edificios de tipo maya, como otros de tipo tolteca; no hay, pues, realmente una diferencia cronológica entre ambas. Los monumentos que se encuentran en este sitio, son muy variados y los principales, son los siguientes: pirámides coronadas con templos, edificios residenciales tipo palacio, canchas para el juego de pelota, plataformas usadas para danzas sagradas, baños de vapor, y lo que parecen ser las ruinas de un mercado. Existen, así mismo, caminos llamados *sacbés* y a una parte de la ciudad la circunda un muro bajo, con varias entradas. Las construcciones están colocadas sobre una serie de terrazas artificiales, y conectadas entre sí por los caminos mencionados ya.

Los edificios construidos antes de la llegada de los putunes y demás gentes con influencias extranjeras, pertenecen al estilo Puuc principalmente, aunque existen algunos con caracteres chenes. Entre esos edificios, se pueden mencionar: la Casa Colorada, Casa del Venado, el Akabdzib, la Casa de las Monjas con su anexo, la llamada Iglesia y el Templo de los Tableros Esculpidos. El observatorio, que se conoce con el nombre de El Caracol, se considera como de una época intermedia, pues tiene elementos, tanto mayas, como toltecas.

En cuanto a los elementos traídos por los putunes o los toltecas, podemos nombrar los siguientes: pórticos y galerías de pilares y columnas; columnas en forma de serpientes emplumadas; contrafuertes en talud, adosados en la base de los templos; uso de almenas sobre los techos; esculturas humanas del tipo llamado atlante; portaestandartes; esculturas reclinadas, conocidas como Chacmooles; serpientes entrelazadas en las alfardas de las escalinatas; representaciones de tigres y águilas que comen corazones; pilares adornados con guerreros; plataforma de calaveras; banquetas con relieves de procesiones de guerreros, enmarcadas con serpientes emplumadas, y un ser mítico con elementos de serpiente, pájaro y hombre.

Las construcciones realizadas en el estilo maya tradicional, no muestran una planificación en cuadrángulos o formando acrópolis, como sucede en centros como Piedras Negras y Uxmal. En cuanto a los del estilo tolteca, se pueden establecer, según el arquitecto George Andrews, dos grupos de edificios. El primero, se asocia a la gran plaza en la que se encuentra la pirámide más grande, conocida como El Castillo, que consta de las siguientes estructuras: el Juego de Pelota, la Plataforma de Calaveras, Plataforma de Venus, Plataforma de Tigres y Aguilas, y el Templo de los Guerreros. De la parte norte de esta gran plaza, sale un camino pavimentado que conduce al Cenote Sagrado. El segundo grupo, se localiza alrededor de otra plaza y compone de galerías con columnas, el llamado Mercado y una cancha para el juego de pelota.

Las galerías y los pórticos con columnas, constituyen un nuevo tipo de edificio que permite techar grandes espacios interiores, algo imposible con el sistema maya de bóveda en saledizo, que podía techar únicamente espacios reducidos, ya que ésta se hizo con piedras. Las galerías con columnas se cubrían, en cambio, con vigas de madera. No es posible saber con exactitud el uso que se dio a dichas galerías; se ha mencionado su posible utilización para la celebración de reuniones de los nobles o los guerreros.

Casa Colorada. Se le conoce con este nombre, por tener una faja pintada de rojo en el muro del pórtico. Se le llama también Chichán-Chob que quiere decir 'pequeños agujeros', a causa de la crestería calada que corona el templo. Este, se levanta sobre una plataforma con esquinas redondeadas. Los dinteles de piedra originales, se conservan en todas las puertas. En el pórtico, a la altura del arranque de la bóveda, puede observarse una franja con glifos esculpidos.

Este edificio pertenece a la época clásica maya, pues carece de elementos nuevos, traídos por los grupos ajenos a esta cultura.

Casa de Las Monjas y el Anexo. Este monumento, posee características particulares, por ser el resultado de varias superposiciones que corresponden a épocas diferentes. Llama la atención por su tamaño, ya que mide 70 por 35 m de ancho y 18 de alto. Al basamento original de Las Monjas, se le adosaron dos alas. Los muros del templo original, tienen grecas escalonadas y dados esculpidos con elementos florales. Las puertas conservan los dinteles de piedra con glifos.

En cuanto al Anexo del lado este, tiene un decorado que corresponde a dos estilos diferentes. Uno es semejante al estilo de Uxmal por su celosía, con mascarones del dios Chac. El otro, recuerda el estilo Chenes, puesto que toda la fachada aparece con adorno, y semeja un gran mascarón cuya boca corresponde a la puerta. El conjunto resulta sobrecargado, por la profusión de elementos entre los que destacan los mascarones del Dios de la Lluvia, una moldura con un diseño que semeja un cordón trenzado y, sobre la puerta, un personaje sedente con tocado de plumas. Es posible que, originalmente, este edificio contara con una crestería. En el dintel de la puerta, hay una fecha inscrita correspondiente al año 880 de nuestra era.

La Iglesia. Al lado sureste del Anexo a Las Monjas, se localiza la llamada Iglesia, nombre dado por su proximidad a la supuesta Casa de las Monjas. Este edificio, se corona por un amplio friso, muy recargado de elementos, sobre el cual se asienta una crestería, decorada también profusamente. El resultado es que el edificio resulta pesado y achaparrado, por la desproporción entre el muro liso inferior y el friso.

La ornamentación de éste, consiste en grandes mascarones con narices en forma de ganchos y cuatro figuras. Las mismas, se han identificado como los Bacabs, encargados de sostener el cielo, y representados aquí como un armadillo, un caracol, una tortuga y un cangrejo. En la crestería, se repiten los mascarones de Chac y la faja con grecas escalonadas.

El Caracol. Es un edificio singular, con una torre circular al centro. El primer cuerpo de la torre, es macizo; luego, existe un cuerpo intermedio con una escalera de caracol y un núcleo central y, por último, un cuarto superior donde se observaba el movimiento de los astros. En este último cuarto, aparecen pequeñas aberturas dirigidas a los puntos cardinales y a otros puntos astronómicos de importancia.

En una segunda época constructiva, se añadió una plataforma circular al cuerpo inferior del edificio, además de un basamento rectangular adornado con incensarios de piedra. En una época más tardía, se adosaron una terraza y un templo pequeño en el lado sur de la escalinata. Como no se han encontrado edificios de planta circular en el área maya, anteriores a éste, se cree que El Caracol refleja influencias extranjeras de pueblos procedentes del centro de México.

El Osario. Este edificio es de interés porque, a pesar de estar el basamento piramidal muy destruido, hay debajo de él un pozo que conduce a una cueva; ésta es de forma irregular y tiene 12 m de alto. Durante la excavación del pozo se hallaron, tanto restos humanos, como ofrendas de cuentas de jade, concha y cristal de roca, así como cascabeles de cobre. La construcción corresponde al periodo tardío, y se advierten en ésta influencias extrañas.

El Castillo. Se trata de un basamento piramidal de gran altura, ya que mide 24 m de alto y unos 60 m de lado en su base. Tiene nueve cuerpos escalonados con escaleras en sus cuatro lados, ornamentados con tableros salientes; es probable que se relacione con el culto al Sol.

El templo se compone de un santuario central, rodeado por una galería que se abre por medio de un pórtico, en el lado norte, que corresponde a la entrada principal. Presenta varios rasgos novedosos, como son: las columnas de serpientes emplumadas del pórtico, los pilares y las jambas de las puertas, con relieves de guerreros y almenas, en forma de corte de caracol, que adornaban el techo.

En el interior del basamento piramidal, se descubrió una construcción más antigua, consistente en una pirámide de nueve cuerpos escalonados y un templo con dos cuartos: la antecámara y el santuario. En el primero, se halló un Chacmool, escultura antropomorfa semiacostada, con incrustaciones de concha en los ojos, dientes y las uñas de los pies. Un asiento en forma de jaguar, apareció en el santuario. Dicho jaguar, está pintado de rojo y las manchas de su piel, se representaron por medio de discos de jade, lo mismo que los ojos. Los colmillos del felino, son de pedernal.

Según Alberto Ruz, "esta construcción debió corresponder al principio de la época tolteca, ya que presenta sólo algunos de los elementos característicos de dicha época".[51]

Plataforma de Venus. Al norte de El Castillo, se encuentra una plataforma cuadrada de 4 m de alto, con escalinatas en cada uno de sus lados. Las escalinatas se limitan por alfardas que cambian de pendiente, para formar cubos de los cuales se proyectan cabezas de serpientes.

La plataforma, se compone de un talud, un tablero con paneles remetidos y otro tablero limitado por molduras que hacen las veces de cornisas. El talud es liso, pero ambos tableros se esculpieron con relieves. En los paneles remetidos, se representó al hombre-pájaro-serpiente, símbolo de Quetzalcóatl-Kukulcán. Flanqueando estos paneles aparecen, en un lado, esteras trenzadas, símbolos del mes pop, primero del año maya, pero así mismo aluden a señorío y poder. Del otro lado, hay atados y signos del planeta Venus. Los atados, significan el final de un ciclo cronológico, y los signos de Venus se representan como medias flores, con aspas en los pétalos. Ambos diseños, pueden aludir al inicio simultáneo del calendario solar y ciclo venusino. El tablero-cornisa, se decoró con serpientes emplumadas y peces; las cabezas de esas serpientes, son las que se labraron en bulto, en los extremos superiores de las alfardas. En el interior de esta plataforma, usada para danzas y otros espec-

---

[51] Ruz, 1962, p. 23.

Decoración en la plataforma de Aguilas y Jaguares. Chichén Itzá, Yucatán. En un relieve bellamente tallado en piedra, un jaguar, con su piel moteada, devora un corazón humano.

táculos sagrados, se encontró un Chacmool, por lo que se le da también el nombre de la Tumba del Chacmool.

Plataforma de las Aguilas y Tigres. Es semejante a la anterior; una plataforma cuadrada con escalinatas en cada uno de los lados, y con cabezas de serpientes.

La plataforma presenta así mismo un talud y dos tableros. En el tablero inferior hay partes remetidas, con jaguares devorando corazones y, en las partes salientes, aparecen águilas que se alimentan también con estos órganos.

El tablero superior, ostenta guerreros recostados con lanzas en las manos y anteojeras; éstos, se relacionan quizás con una deidad del centro de México, llamada Tlalchitonatiuh.

Plataforma de Cráneos o Tzompantli. Muy próxima a la construcción descrita en el inciso anterior, está otra plataforma, en este caso, en forma de T, que mide unos 60 m de largo por 12 de ancho. A esta plataforma, se le conoce también como *tzompantli* que significa, en náhuatl, lugar de cráneos, ya que se cree que en ella existía una empalizada con cráneos de los sacrificados, ensartados en postes. Hileras de calaveras, colocadas en estacas, se labraron en relieve alrededor de la estructura, y en el cuerpo saliente, que da la forma de T a la misma, aparecen águilas y guerreros con cabezas humanas en las manos.

El Juego de Pelota. Ya describimos los detalles de la cancha del Juego de Pelota al principio de este libro. Después de construida la cancha, se edificó en el lado norte, el llamado Templo del Norte u Hombre Barbado. Los relieves de este templo, cubren las alfardas de la escalinata, las jambas, columnas y toda la bóveda, esta última con escenas, tanto religiosas, como de la vida diaria. Gracias a esas escenas, tenemos una información amplia sobre el vestuario, los adornos y hasta las costumbres de los mayas, de tiempos remotos.

El Templo del Sur, se hizo así mismo después de terminada la cancha. Los relieves más importantes de este templo, son los de las pilastras que ostentan figuras de guerreros con los glifos de sus nombres y, en las partes inferiores de las mismas, imágenes de Kukulcán representado como hombre-pájaro-serpiente.

En la parte oriental del Juego de Pelota, se localiza un templo llamado el Templo de los Tigres que contiene, además de relieves de gran interés, pinturas murales con escenas de batallas. Has muchas semejanzas entre los elementos constructivos y decorativos de este templo, así como de las estructuras de Tula. Las semejanzas, son: columnas serpentinas, figuras de guerreros, serpientes entrelazadas y jaguares labrados en relieve.

Adosado al basamento del Templo de los Tigres, al nivel de la plaza principal, se encuentra una cámara totalmente esculpida con relieves policromados. En la entrada a dicho templo, hay pilastras con figuras de guerreros y representaciones de Kukulcán. Entre las pilastras, se sitúa un trono en forma de jaguar.

Templo de los Guerreros. Al frente, y a un lado de este templo, se colocaron hileras de columnas y pilares, que en un tiempo estuvieron techados, y a todo el conjunto, se le conoce como el Grupo de las Mil Columnas.

El basamento piramidal del Templo de los Guerreros, lo forman varios cuerpos, con tableros decorados con tigres y águilas comiendo corazones, además de imágenes de dioses. Los pilares situados frente a dicho templo, ostentan figuras de guerreros semejantes a los de Tula, la capital tolteca.

El templo, consta en sí, de dos amplios cuartos y, a la entrada, hay dos hermosos pilares serpentiformes con las cabezas de las serpientes en el suelo y las colas de cascabel en las partes superiores. Al fondo del santuario, se descubrió un altar sostenido por varias filas de figuras humanas, del tipo conocido como atlante. Los muros del templo, muestran esculturas de temática, tanto maya, como tolteca; así, encontramos los mascarones de Chac con narices ganchudas y representaciones de Kukulcán, como un ser que combina los rasgos de pájaro, serpiente y hombre. Otros elementos importantes, son las cabezas de serpientes, que limitan las alfardas, los portaestandartes antropomorfos y las esculturas reclinadas, llamadas Chacmooles.

En el interior del Templo de los Guerreros, existe una estructura más antigua. Lo más interesante de ella, son los pilares con relieves de guerreros que conservan su colorido original. En el santuario, hay banquetas con procesiones de personajes. Se halló también un Chacmool, con un tocado adornado con ranas. Cuando se descubrió esta estructura antigua, había una pintura mural, hoy desaparecida, que representaba una aldea cercana al mar. En éste, se pintaron tres canoas con guerreros y diversos animales marinos.

Cenote de los Sacrificios. Como mencionamos antes, era el foco de un culto muy importante. El cenote, es un pozo cuyo diámetro oscila entre los 50 y 60 m, y con una profundidad de 22 hasta el agua. En el borde, se desenterraron los restos de un edificio con un baño de vapor; se hallaron también dos esculturas de ranas.

Del cenote, se sacaron muchísimos objetos. Lo que llama la atención, es que éstos no sólo están hechos de materiales que resisten el paso del tiempo y la acción del agua, como son los jades y la cerámica, sino de otros materiales: textiles, madera, copal y hule. La razón de que se hayan conservado,

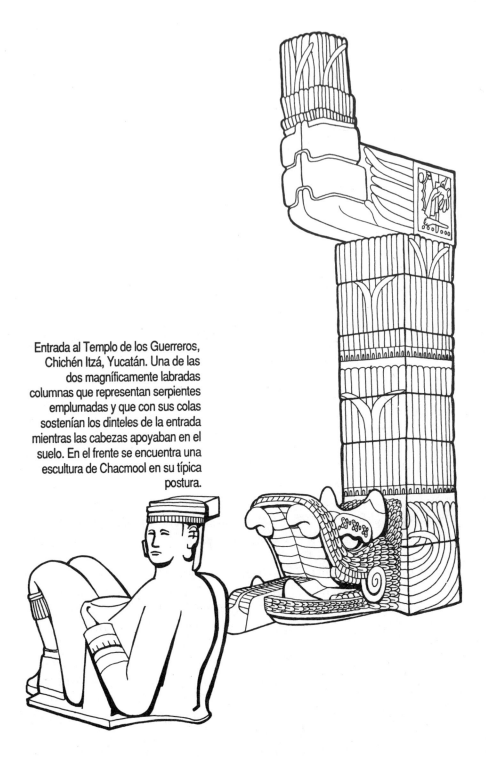

Entrada al Templo de los Guerreros, Chichén Itzá, Yucatán. Una de las dos magníficamente labradas columnas que representan serpientes emplumadas y que con sus colas sostenían los dinteles de la entrada mientras las cabezas apoyaban en el suelo. En el frente se encuentra una escultura de Chacmool en su típica postura.

es que dentro del agua de este cenote, la carencia de oxígeno ayuda a su conservación; además, los mayas acostumbraban cubrir los objetos de madera con una resina que ayudaba a su preservación.[52]

La variedad de materiales que se han obtenido del cenote, es sorprendente; así, tenemos: textiles, cestos, huesos, concha, copal, hule, metales (como el oro y el cobre), jade y objetos de madera, entre ellos, ídolos, armas, utensilios y hasta cetros simbólicos del poder. Los discos de oro, son los más llamativos por la calidad del material y por las escenas tan interesantes representadas en ellos, por medio de la técnica del repujado. Esas escenas, nos han proporcionado gran cantidad de información sobre la cultura maya de la época.

Los fragmentos de textiles encontrados, pasan de 700 y son de gran importancia, debido a que no se han hallado en las tumbas por su fragilidad. Lo mismo sucede con el copal y hule que tienden a deshacerse en condiciones menos favorables. En el cenote, aparecieron pelotas y efigies hechas de estos materiales, pintadas de azul y, en algunos casos, con incrustaciones de jade y concha.[53]

Según la autora Clemency Coggins, en su libro sobre el Cenote Sagrado, se pueden establecer dos fases en el culto al cenote: una fase temprana que abarcaría de 800 a 1150 d.C., y una fase tardía de 1250 a 1539 d.C. De la primera fase, proceden los jades labrados con relieves y los discos de oro que se vinculan a los conquistadores que llegaron a Chichén-Itzá. De esta fase, datan así mismo piezas de cerámica asociadas al culto del Dios de la Lluvia.

Los objetos pertenecientes a la segunda fase, son de menor calidad y consisten principalmente de copal depositado en vasijas trípodes, ídolos de madera, cascabeles de cobre y textiles de algodón.

En el cenote, se descubrieron multitud de restos humanos, ya que era común el sacrificio de arrojar a las víctimas dentro de sus aguas. Por mucho tiempo, se creyó que éstas eran, principalmente, muchachas vírgenes, pero los huesos extraídos son, tanto de niños, como de adolescentes y adultos.

[52] Coggins, 1984, p. 26.
[53] *Ibid.*

NELLY GUTIERREZ SOLANA

Consideraciones generales acerca de la escultura maya

Los mayas, escultores talentosos, aprovecharon materiales variados como la piedra, madera, el estuco y jade, con resultados extraordinarios. La formación geológica de la península de Yucatán, permitió que los mayas tuvieran vastos recursos de piedra caliza para labrar sus obras. Además de las estelas, hicieron los llamados altares que son en realidad pedestales simbólicos de rango; dinteles que encontramos sobre todo en Yaxchilán; lápidas y tableros comunes en Palenque, y cubrieron muros interiores y exteriores con esculturas, al igual que frisos y cresterías.

Se han contado más de mil estelas en la zona central, lo cual atestigua la popularidad de este tipo escultórico; ésas representaban a los gobernantes con sus atributos del poder y conmemoraban los eventos principales de sus reinados. Aunque el concepto de la estela, era el mismo en todos los centros ceremoniales mayas, los estilos escultóricos variaban de un sitio a otro, de tal manera que es fácil reconocer si una estela procede de Yaxchilán, Tikal, o Copán. No hay que olvidar que las estelas, una vez terminadas, se pintaban, lo cual les daba una apariencia muy diferente a la que presentan en nuestros días.

Las estelas labradas, se originaron probablemente en monumentos pintados, lo que explica que no se desarrollaran los recursos propios de la escultura tridimensional. El relieve, dominó en el arte maya y sólo en casos excepcionales, como en Copán, se crearon esculturas en bulto. Durante el periodo Clásico Tardío (600-900 d.C.), el arte escultórico logró su mayor auge.

Se ha podido estudiar cómo evolucionó la representación del cuerpo humano en esas estelas. Las más antiguas, muestran los hombros de frente, y la cabeza y los pies, de perfil. Después se prefirió labrar los cuerpos totalmente de perfil, lo cual cambió al aparecer las figuras de frente, con los pies apuntando hacia afuera. Esta última posición, permitía incluir con mayor facilidad, los adornos múltiples del tocado y atavío de los gobernantes.

Los tipos de composición predilectos en los relieves, variaban de un centro ceremonial a otro. En Tikal, se prefirió la imagen sola del gobernante; en Bonampak, suelen aparecer tres personajes en escenas ceremoniales, lo mismo que en Palenque, y en Yaxchilán, se representan frecuentemente a dos gue-

Vasija silbato de la Isla de Jaina, Campeche. Esta pieza policroma de barro es un ejemplo de las notables esculturas que proceden de las tumbas de Jaina. Una deidad o personaje lleva un elaborado tocado rematado en un ser mitológico; a los lados dos pequeñas cabezas emergen de las fauces de unas serpientes.

rreros en posturas dinámicas, y hasta violentas. Los escultores de Piedras Negras, labraron escenas complejas de la corte, en las cuales lograron dar una sensación de profundidad.

Al contemplar las estelas, nos asombramos ante la precisión de los detalles del vestuario y de los adornos; por ejemplo, los escultores reprodujeron con todo esmero, los hermosos diseños y texturas de los tejidos.

En la zona norte, las estelas son menos importantes, y nos encontramos con que la escultura, se integra a la arquitectura. Por medio de la técnica del mosaico de piedra, se representaron los mascarones y otros elementos con un acentuado geometrismo.

En cuanto a las esculturas pequeñas, son famosos los jades preciosamente tallados y las notables figurillas de barro procedentes de la isla de Jaina, situada en el Golfo de México frente a la costa del estado de Campeche. Contamos así mismo con cabezas tridimensionales, y se han hallado múltiples adornos hechos en jade, que pueden presentar incisiones talladas con gran delicadeza.

Consideraciones generales acerca de la pintura maya

Los centros ceremoniales mayas presentan, en la actualidad, un aspecto muy diferente al que tenían en la época de su mayor esplendor. Los edificios no están sólo deteriorados, sino además ha desaparecido la pintura que, en muchos casos, los cubría. Los mayas acostumbraban decorar con pinturas murales, tanto el exterior, como el interior de sus templos y palacios. Se considera que el mayor apogeo de la pintura mural, fue durante el periodo Clásico Tardío (600-900 d.C.).

Los pintores, eran especialistas que dominaban las técnicas complejas del arte pictórico. Necesitaban conocer los pigmentos que, en la mayor parte de los casos, se obtenían de diferentes tipos de tierra. Tenían que ser además, hábiles en el manejo de las brochas y los pinceles. Estaban adiestrados así mismo en el dibujo, sobre todo de la figura humana que es el tema central de la pintura maya. Dos técnicas, eran las empleadas: la llamada al fresco, cuando se pintaba con el estuco del muro todavía húmedo, y la técnica del temple, cuando el muro ya estaba seco y, por lo tanto, se necesitaba mezclar los pigmentos con un aglutinante.

Para realizar murales, tan complicados en su composición como los de Bonampak, se requería seguir varios pasos. Un esquema preliminar a escala, era indispensable y se delineaban después los contornos de las figuras. El siguiente paso, era rellenar los colores, y pintar los detalles faciales y corporales, y por último, se delineaban de nuevo los contornos.

Las pinturas de Bonampak, que son las más famosas, se distribuyen en tres cuartos, y pueden ocupar un muro entero o dividirse en registros; esas pinturas, presentan procesiones, danzas y una feroz batalla, seguida del juicio de los prisioneros y su sacrificio. Las figuras, se apegan tanto al dato natural, que a los personajes se les individualiza por su constitución física y estatura. Las poses, no son las convencionales que acostumbramos encontrar en el arte mesoamericano, y asombra la diversidad de las posturas de los cuerpos humanos.

De genial, se puede calificar la escena de la batalla de Bonampak. La confusión de la lucha, las acciones violentas, los cuerpos cayendo, todo ello se representa con gran realismo. Incluso, se da la idea del ámbito real, en la cual se llevó a cabo la batalla por las plantas selváticas que se incluyeron. No hay duda que nos encontramos ante una obra realizada por maestros pintores.

Más al norte, en Mulchic, sitio localizado entre Kabáh y Uxmal, encontramos escenas semejantes a las de Bonampak: procesiones de personajes ataviados espléndidamente, además de una batalla y el sacrificio de prisioneros.

En Chichén-Itzá, la proporción de la figura humana cambia de manera dramática. Y aunque encontramos también murales complejos, como son los del Templo de los Tigres y el Templo de los Guerreros, el tamaño tan reducido de los personajes, no permite el estupendo dibujo que caracteriza a Bonampak; son más bien, figuras esquematizadas y sin individualidad. Sin embargo, el ritmo de la composición, les da un atractivo singular.

Ya en el Posclásico Tardío (1200-1540 d.C.), se desarrolló un estilo influenciado por el arte de los códices, sobre todo los provenientes de la cultura mixteca. Contamos afortunadamente, con murales muy bien conservados en Tulum, la hermosa ciudad localizada en la costa del Mar Caribe. Las mejores pinturas, se conservan en el Templo de los Frescos. En ellas, varias deidades, distribuidas en registros, realizan rituales; entre éstas, podemos reconocer a Chac, el Dios de la Lluvia, y a Itzamná, el Dios Supremo. Lo que caracteriza principalmente a estas pinturas, es el atavío tan complejo de los personajes, así como el uso singular del color, ya que sobre un fondo de color azul, se pintaron los contornos de las figuras y los otros detalles, con líneas azules y negras.

Los talentosos artífices mayas, realizaron también preciosos dibujos en platos y vasijas. Estos son semejantes a los de las pinturas murales y los códices, aunque los artífices tenían que tomar en cuenta las superficies curvas de las vasijas. Las composiciones, pueden ser continuas alrededor de las piezas, o los diseños repetirse rítmicamente. En ellas, apreciamos el mismo gusto por dibujar la forma humana, pero aparecen así mismo figuras fantásticas, animales y objetos de la vida diaria. Las vasijas más famosas, reproducen escenas narrativas complejas, que son como ventanas por las cuales, nos asomamos al pasado de los mayas.

Pintura mural del Templo de los Guerreros, Chichén Itzá, Yucatán. Un momento de la vida diaria en una aldea maya de la época. La serpiente emplumada de la derecha simboliza al Dios Kukulcán. En primer término guerreros maya-toltecas navegan en un mar lleno de especies marinas.

Para realizar los dibujos, se cubría la vasija con una capa delgada de estuco. Se prefería una línea negra, para delimitar los contornos, y después se pintaban las superficies con colores vivos, como el naranja, amarillo y café. El fondo, era generalmente de color naranja. Los estilos variaban, según los sitios de donde provenían, y se ha podido determinar que ciertas piezas fueron pinta-das por un mismo artífice.

Plato policromo procedente de la Península de Yucatán. Un ejemplo del arte maya es esta pieza de cerámica decorada con una garza rodeada de motivos geométricos.

La mayor parte de esas vasijas, se han encontrado en tumbas. No debe extrañarnos, por lo tanto, que la temática de las mismas, se asocie, en muchos casos, con las creencias sobre el inframundo. Hay algunas que relatan los hechos legendarios de los gemelos divinos, y su lucha en contra de los Señores del Inframundo. Los glifos que suelen decorar estas vasijas, son generalmente cánticos fúnebres que describen el descenso del difunto al inframundo.

La continuidad de
las tradiciones mayas

Cuando visitamos los mercados de los mayas, nos trasladamos, en cierto modo, al pasado. Oímos lenguas emparentadas con las que hablaban los mayas antiguos, y vemos a las gentes conducirse de acuerdo con patrones de comportamiento, que son legados de siglos. Las numerosas artesanías que se venden en estos mercados, demuestran que el buen gusto de los mayas, sobrevive hasta nuestros días.

A pesar de las distancias existentes entre los múltiples grupos mayenses actuales, hay caracteres culturales comunes entre ellos. Estos grupos viven en su mundo propio, con sus intereses centrados en sus familias y comunidades. A través de la tradición oral, conservan sus conocimientos y creencias.

Los mayas contemporáneos, ocupan un territorio que incluye casi toda la península de Yucatán, el sureste de México y las tierras altas de Guatemala. Las lenguas que hablan, pertenecen a la familia lingüística mayense. El yucateco, se habla en la península de Yucatán. Parientes muy cercanos son, el lacandón de los habitantes situados a lo largo del río Usumacinta; el itzá, hablado en el centro del Petén, y el mopán, del sur de esta última región y Belice. Otra rama, es la del chontal, de los pueblos establecidos alrededor de la Laguna de Términos y en las desembocaduras de los ríos cercanos. Por último, está el grupo lingüístico que comprende el tzeltal, tzotzil y tojolabal, de los pueblos de las tierras altas chiapanecas. Muchos de los indígenas, son monolingües; sólo los que tienen trato continuo con el mundo exterior de los mestizos, hablan el español.

Aunque algunos mayas viven en parajes aislados, se vinculan a un centro religioso y político al cual concurren, ya sea al mercado o a las celebraciones, o para resolver disputas. La economía de los pueblos mayenses, es un tanto precaria. La agricultura, es su actividad principal, con el cultivo del maíz, frijol, chile y calabaza, como plantas primordiales. Como recurso secundario, cuentan con las artesanías, y cada pueblo se especializa en cierta producción artesanal, como textiles, sombreros, ollas, enseres de madera, canastas y juguetes. Son mundialmente famosos, los textiles hechos en telar de cintura, por las mujeres guatemaltecas que habitan en las tierras altas.

Los indígenas, asisten a los mercados donde, por medio del trueque, compran lo que su comunidad no produce. Como cada grupo se atavía con un vestuario distintivo, es fácil identificar de dónde proceden. La ropa que usan, no es exactamente la misma que ostentaban en la época prehispánica, ya que fue durante la Colonia cuando cada pueblo escogió su particular indumentaria. En los casos en que los nativos están en contacto frecuente con las ciudades, se advierte cómo empiezan a cambiar su vestuario por el de los mestizos.

En cuanto a la organización social, el control lo ejercen los ancianos, a los cuales se respeta por su experiencia y sabiduría. Los puestos civiles, se otorgan por merecimiento y se considera como un gran honor ser electo al cabildo indígena. El escalafón del cabildo, es desde el presidente, que es el puesto de mayor jerarquía, hasta el síndico y los cuatro alcaldes jueces.

En Zinacantan, como en muchos otros pueblos, hay un banco largo cerca de la puerta del cabildo, donde se sientan los miembros del mismo, en orden de importancia. Las funciones del cabildo son variadas, pues sus miembros deben colectar el dinero para las obras públicas, nombrar comités para las fiestas y recibir visitantes. Otra función importante que desempeñan, es la de resolver los pleitos entre los miembros de la comunidad.

En los pueblos hay, además del cabildo, el sistema de cargos relacionado con una jerarquía religiosa, organizada en torno a los santos y a las iglesias católicas. El investigador Evon Z. Vogt, explica cómo trabaja esta jerarquía, en su libro *Los zinacantecos*. En Zinacantan, el sistema de cargos consiste en 61 puestos que el individuo puede ir escalando, para llegar al cargo de alcalde -viejo que es el de mayor prestigio. Los puestos se desempeñan durante un año, y se requiere que sus ocupantes dejen sus aldeas para ir a vivir al pueblo. Además, tienen que pagar por ceremonias que son muy costosas, por lo que se necesitan varios años para liquidar las deudas contraídas y guardar el dinero suficiente para obtener otro cargo.[54] Como recompensa de ello, gozan de

---

[54] Vogt, 1973.

prestigio social, mientras desempeñan sus funciones anuales. Las ceremonias, son costosas porque deben pagar la comida, el alcohol y los objetos rituales como el incienso, cohetes y velas.

Como los otros grupos habitantes de Mesoamérica, los mayas tuvieron que aceptar las creencias de la iglesia católica. Pero no han olvidado sus antiguos dioses ni sus mitos, por lo cual la religión que practican, muestra un acentuado sincretismo. Es común que un santo o miembro de la trinidad cristiana, se equipare a un dios nativo, ya sea porque tengan la misma esfera de acción o alguna otra asociación; por ejemplo, Quetzalcóatl-Kukulcán, se vincula a Jesús; a la diosa lunar, se le relaciona con la Virgen María, y a San Isidro, con Chac.[55] El grupo de los tzotziles, conserva creencias muy antiguas, como la de que la Tierra es cuadrada, está rodeada de agua, y la sostienen hombres reptiles. A la manera antigua, asocian así mismo, los puntos cardinales a ciertos colores.

Otra tradición antigua, conservada en algunos pueblos remotos de las tierras altas de Guatemala, es el calendario ritual de 260 días. Para los habitantes de estos pueblos, los días de consideran como dioses vivientes, tal como sucedía entre los mayas de la época prehispánica. Los grupos indígenas, son profundamente religiosos y todos los aspectos de su vida, se vinculan a su fe.

Una creencia común en los pueblos mayenses, es que todas las cosas del mundo poseen un alma y pueden incidir en la vida de los hombres, lo que hace que se respeten las plantas y los animales, y que se trate de mantenerlos contentos. La creencia en el nahualismo, es también general. Cada persona posee una relación singular con el espíritu de algún animal, al cual le rinde culto.

Hay varias creencias, tanto en Chiapas, como en Guatemala, asociadas con los 'dueños de montañas y cerros'. Así, en los poblados zinacantecos, se considera que todos los cerros cercanos, son las casas de los dioses ancestros. Estos, pueden ayudar a los individuos, pero así mismo pueden dañarlos si consideran que una persona ha cometido faltas en contra del comportamiento aceptado tradicionalmente. Las cruces, colocadas en múltiples lugares en Zinacantan, señalan los sitios donde se reúnen los grupos de dioses ancestrales. Ahí discuten los asuntos de sus descendientes y recogen las ofrendas que se les entregan, consistentes en pollos negros, velas blancas y aguardiente.

[55] Sodi, 1980.

Los curanderos o chamanes, desempeñan funciones primordiales en las comunidades mayenses y, entre ellos, hay una clara jerarquía en la que el jefe es un hombre anciano, muy respetado dentro de su profesión. Según la edad de los curanderos, éstos se dividen en dos grupos: el de los mayores y de los jóvenes. Se considera que los nahuales de los curanderos, son muy poderosos y, en parte por eso, pueden curar o dañar a los individuos. En Yucatán, se les conoce como *hmen*, y se encargan de dirigir las ceremonias más importantes, sobre todo la que se realiza para obtener la lluvia.

Cuando algún indígena se siente mal, no acude a un médico sino a un curandero. Este diagnostica la causa del mal, que por lo general es una ofensa cometida contra un dios o la mala voluntad que le tiene alguna persona. Se procede entonces a hacer una limpia, y se le recetan infusiones de hierbas.

En Zinacantan, hay unos 160 chamanes y para llegar a ser uno de éstos, se necesita soñar tres veces que al alma de la persona, se le ha llamado ante los dioses ancestrales. Después de haber tenido ciertos sueños, el aspirante visita al chamán de mayor prestigio en la aldea, solicitando permiso para empezar a curar. Entre los chamanes de Zinacantan, como entre otros pueblos, existe una jerarquía bien establecida. El orden que cada curandero tiene dentro de la misma, dependerá del número de años transcurridos desde que hizo su aparición pública como chamán.[56]

Todos los pueblos, celebran multitud de fiestas durante el año, y los habitantes de las aldeas cercanas, concurre a ellas. En estas fiestas, visitan las iglesias y traen ofrendas, sobre todo de flores; le rezan a los distintos santos, prenden veladoras y queman incienso. Además, suelen cantar y bailar, y lanzar cohetes. En ciertos lugares, acostumbran tender también caminos de flores, con hermosos diseños sobre los cuales llevan a los santos en procesión. Los mayordomos, encargados de la fiesta, son los que contratan a los músicos, danzantes y coheteros.

La música, es imprescindible en todas las festividades indígenas y, en una fiesta mayor, se ejecutan diversos tipos de aquélla al mismo tiempo. Por el altoparlante, se pueden oír discos modernos, mientras que una banda toca en el quiosco. La música verdaderamente típica, está a cargo de dos grupos: uno consiste en un flautista y dos personas que tocan tambores, y el otro combina el violín, arpa y la guitarra.[57]

---

[56] Vogt, *op. cit.*
[57] *Ibid.*

En Zinacantan, las fiestas están llenas de colorido, por los atuendos elegantes y listones multicolores de los sombreros. El entusiasmo, empieza con los tres días de preparación, en los cuales se renuevan las decoraciones florales que adornan los altares de las casas e iglesias. Además de ofrendar las flores a los santos, se les reza, encienden velas y, en los altares domésticos, las imágenes se visten con ropa recién lavada. Para regocijar a los santos, se les canta y ejecutan danzas, acompañadas con sones especiales.

Una danza que llama particularmente la atención, es la conocida como 'la danza de los borrachos'. Es un baile que puede caracterizarse como humorístico, ya que se trata de representar los movimientos torpes de aquéllos. Los danzantes hacen sonar sus sonajas, y profieren después un grito acompañado de un salto.

En las fiestas principales de Zinacantan, los collares sagrados de los santos, se llevan a las iglesias y se les colocan a las imágenes; pero antes, los mayordomos cuentan las monedas de cada collar, en una especie de ritual. Lo más curioso, es que cada año la cuenta sale diferente debido a que, según se cree, hay un aumento si al santo le satisfacen los servicios del mayordomo pero, si está disgustado, faltarán monedas.

Al carnaval en Zinacantan, se le llama la fiesta de los juegos, y en ella se mezclan las creencias cristianas con las antiguas creencias mayas. A los personajes principales, se les conoce como 'pasioneros', y son dos individuos que ofrecen velas a los santos, así como comida y bebida a los participantes. Además, se encargan de encender velas y ejecutar ciertos bailes. Otros personajes importantes en el carnaval, son los llamados 'negros', que son jóvenes disfrazados de ladinos y que desempeñan el papel de diablos. Al igual que los 'pasioneros', los 'negros' bailan, pero así mismo, echan 'bombas', que son versos jocosos. Para esta fiesta, se hace en Zinacantan una cerveza especial llamada chicha. Participa también otro individuo apodado 'el padre negro', que lleva un cuerno lleno de esa cerveza y se pinta la cara de negro.

El carnaval en el pueblo de San Juan Chamula, cercano a San Cristóbal de las Casas, es famoso porque al alcanzar la fiesta su culminación, los hombres corren sobre lumbre, con banderas desplegadas. Esta costumbre, es antigua y se cree que con ello logran el favor de los dioses. En ese pueblo, las festividades duran cinco días, y encontramos cómo se les llama también 'pasioneros' a los que ayudan a Cristo, y se eligen entre los que tienen los cargos de mayor jerarquía. Los perseguidores de Cristo, se ponen sombreros cónicos de piel, se les llama los 'monos malos', y se dedican a molestar a los espectadores con chistes obscenos. En este pueblo, a Cristo se le asocia con el Sol, el dueño del cielo, y las puntas lanceoladas de las astas de las banderas, simbolizan ese astro, pero también la lanza con la cual hirieron el cuerpo de Cristo.

Para llevar a cabo las comidas rituales, se sigue un procedimiento complejo en el que se especifican todos los pormenores, desde la orientación que debe tener la mesa, hasta cada uno de los pasos que deben dar los participantes. La comida se compone, por lo general, de tortillas de maíz, pan, pollo con caldo picante, café y aguardiente. El propósito de las comidas rituales, es alimentar simbólicamente a los antepasados y dioses. Suele hacerse también este rito cuando se come, por vez primera, en una casa recién construida, con la finalidad de lograr así, el beneplácito de los dioses.

En cuanto al vestuario, dijimos ya que es un medio de identificación de los diversos grupos mayenses. Es común que las mujeres usen faldas de enredo, las cuales, según el tipo de clima, pueden ser de algodón blanco o lana color azul o negro. El huipil, es otra prenda distintiva y puede llevar adornos bellamente bordados. La faja la usan, tanto los hombres, como las mujeres, pues se utiliza para sostener los pantalones y enredos. Las fajas varían en cuanto a su longitud y color. Así, por ejemplo, la faja de los zinacantecos mide 7 m de largo y, por la manera en que se la enredan, resulta la parte más vistosa del atuendo. A la riqueza y variedad del vestuario, se agrega la de los tocados y sombreros, algunos muy originales. Muchos tienen, además, un simbolismo especial. Los listones de los sombreros que ostentan los hombres zinacantecos, por ejemplo, simbolizan el aire, los ríos y animales, considerados todos ellos como sagrados.[58]

Las viviendas, siguen siendo las tradicionales; las de Yucatán, son de planta elíptica, con paredes de bajareque, arcilla o caña. La palma y el zacate, se emplean en los techos. Por lo común, constan de un solo cuarto sin ventanas, y con dos puertas para que circule el aire. Cerca de la choza habitacional, hay otra semejante, donde se cocina. La propiedad, se limita con muros bajos de piedras calizas. Los enseres domésticos, son muy reducidos, ya que se limitan a las hamacas, una mesita, unos cuantos bancos largos, una cubeta para el agua, y unas ollas para cocinar.

Un grupo mayense que merece una mención especial, es el de los lacandones. Habitantes de la selva chiapaneca, practican un modo de vida primi-

---

[58] Sodi, *op. cit.*

tivo, pero en el cual demuestran una adaptación singular al medio ambiente, y han logrado además, satisfacer sus necesidades con objetos tomados de la naturaleza o hechos por ellos mismos. Estos objetos, son principalmente calabazos, jícaras y recipientes de barro, cocidos directamente en un fogón. Las canoas que emplean, las elaboran ahuecando los troncos de los árboles.

El número de lacandones es muy reducido, pues hay apenas unos 200. Viven en pequeños grupos de tres o cuatro familias, junto a las márgenes tributarias del río Usumacinta, Como habitantes de la selva, se dedican a la caza que realizan con flechas y lanzas con puntas de pedernal. Su vestimenta, se limita a túnicas sencillas, sin mangas, hechas de algodón, que ellos mismos siembran. Caminan descalzos y se dejan crecer el pelo porque, según ellos, en el cabello reside la fuerza espiritual.[59]

Las chozas de los lacandones, son de planta circular y, por habitar en un lugar de clima muy caluroso, no tienen muros sino techos cónicos de hojas que descienden hasta tocar casi el suelo. Duermen en hamacas hechas con fibras de henequén, o con las cortezas de árboles. Los pocos objetos sagrados que poseen, los guardan en una choza mayor que funciona como santuario, pues ahí practican sus ceremonias.[60]

Para los lacandones, los animales de la selva son manifestaciones de los dioses y por eso llevan a cabo ritos propiciatorios antes de salir de caza. Siguen las tradiciones de sus ancestros, quienes les enseñaron que todo el ruido de la selva y el canto de las aves, manifiestan los deseos de los dioses.

Se cumplen las profecías del Chilam Balam

Después del abandono de Chichén-Itzá, en los comienzos del Posclásico Tardío (1250 d.C.), la ciudad de Mayapán se convirtió en el centro más poderoso hasta que fue destruida en 1441. Los cocom de Mayapán, ejercían el control, tanto en el aspecto político, como en el religioso, pues dominaban los dos centros de peregrinaje más importantes: Izamal y Chichén-Itzá. Los ingeniosos gobernantes cocom, controlaban a los otros pueblos por medio de la residencia forzosa de sus jefes, dentro de la ciudad de Mayapán.

Las ruinas de Mayapán, son extensas y se calcula que la ciudad reuniría unos 10000 habitantes. El carácter defensivo de esta ciudad, rodeada de una muralla, indica cómo habían cambiado los tiempos; era una época militaris-

[59] *Ibid.*
[60] *Ibid.*

ta en la cual la religión, ocupaba un segundo lugar; de ahí que sean pocos los edificios dedicados al culto. Las artes habían sufrido un deterioro, y eran un pálido reflejo de la grandiosidad de las ciudades Puuc y Chichén-Itzá.

El dominio de los cocom perduró 250 años, hasta que los xiu quemaron y destruyeron Mayapán, matando a todos los miembros de la familia reinante, con excepción de un hijo del señor principal, que se encontraba de viaje en Honduras. Mucho tiempo después, en 1536, los cocom pudieron vengarse de los xiu. Estos habían pedido permiso, que les fue concedido, para llevar a cabo una peregrinación a Chichén-Itzá; una vez dentro del territorio cocom, se les alojó a todos en una casa a la que los xiu prendieron fuego, y a los pocos que sobrevivieron al incendio, se les asesinó.

Después de la caída de Mayapán, desapareció el control centralizado en un solo reino; en su lugar, se formaron 17 estados independientes, con sus gobernantes aristócratas que luchaban continuamente entre sí. Pocos sitios arqueológicos quedan de este periodo, ya que sobre muchos de ellos se construyeron las ciudades coloniales; sólo Tulum se ha conservado en buen estado, para darnos una idea de cómo se vivía en aquellos tiempos.

Los primeros españoles que pisaron las tierras yucatecas, fueron unos náufragos que arribaron en 1511; entre ellos, se encontraban Gerónimo de Aguilar y Gonzalo Guerrero. El primero de ellos se unió, ocho años después, a Cortés y desempeñó un papel importante como intérprete. El segundo, casado con la hija de un cacique maya, y además integrado al modo de vida indígena, declinó la oferta de unirse a los conquistadores, e incluso luchó contra ellos en defensa de su pueblo adoptado.

Tres de los grandes capitanes españoles, desembarcaron en las costas de Yucatán; Francisco Hernández de Córdoba en 1517, Juan de Grijalva en 1518, y Hernán Cortés en 1519. El primero, perdió la vida como consecuencia de una feroz batalla librada en contra de los nativos de Champotón, en Campeche; el segundo, desembarcó en Cozumel y pasó frente a una ciudad, probablemente Tulum. Después continuó hasta la bahía de Ascensión y de ahí tomó rumbo al norte, costeando la península de Yucatán y el Golfo de México, hasta el río Pánuco. Hernán Cortés, llegó también a Cozumel donde se le unió Gerónimo de Aguilar; navegó alrededor de la costa norte yucateca, hasta el río Tabasco; dirigiéndose hacia el norte, desembarcó en San Juan de Ulúa.

Francisco de Montejo formó parte de la segunda y tercera expediciones a México. Cortés lo mandó a España con el tesoro del rey, y ahí solicitó y consiguió permiso para conquistar Yucatán. Esta conquista, resultó una empresa difícil ya que había que derrotar numerosos señoríos y los mayas se defendieron con valentía y ferocidad. Veinte años duró la lucha, desde 1527 hasta 1546. En 1542, los españoles fundaron la ciudad de Mérida y, poco después, el Señor Tutul Xiu, aceptó el dominio español. Con ello, se logró pacificar la parte occidental de la península, pero en la oriental se continuaron las rebeliones durante todo el siglo XVI.

Un desastre tras de otro, se abatieron sobre los mayas, y se cumplieron las fatales profecías del Chilam Balam: "Se volteará el Sol, se volteará el rostro de la Luna; bajará la sangre por los árboles y las piedras; arderán los cielos y la Tierra". La conquista y colonización, trajeron consigo la pérdida de la libertad, el aniquilamiento de la religión y los valores propios de la cultura maya. A ello, hay que agregar la carestía causada por las guerras y plagas de langostas, así como las enfermedades terribles, traídas por los europeos: la viruela, el sarampión, cólera, la peste bubónica y otras.

Por 300 años, los indígenas estuvieron bajo el sistema colonial que se perpetuó aun después de la Independencia. Los grandes hacendados, gobernaban la vida de los nativos que laboraban para ellos, el trabajo era remunerado con un jornal mísero, y los indios estaban siempre en deuda con el patrón, por lo cual no podían mudarse en búsqueda de una vida mejor.

Ante tanta injusticia, no es de sorprenderse que estallara una rebelión y, en julio de 1847, comenzó la Guerra de Castas. El odio hacia los blancos era tal, que los indígenas no respetaban ni a las mujeres ni a los niños. Lo que ellos querían, era librarse de los extranjeros y ganar su independencia y libertad. El foco del movimiento, se localizaba entre Quintana Roo y la sección sur-este de Yucatán, y las armas y municiones se traían desde Belice. En un año, los rebeldes habían logrado apoderarse de las dos terceras partes de la península, y los blancos se habían atrincherado en Mérida. La situación se tornaba muy peligrosa, y hasta se pensaba abandonar la ciudad, cuando llegaron las lluvias y los indios decidieron dejar la lucha, ya que era el tiempo de plantar el maíz y evitar así la hambruna. Los blancos recibieron ayuda del gobierno mexicano que mandó armas y dinero, y empezó así la contraofensiva.

Poco a poco, los indígenas se replegaron a las casi impenetrables selvas de Quintana Roo, donde era muy difícil que el ejército los atacara. La guerra continuó, y para 1850 los nativos empezaban a desanimarse, cuando sucedió lo que ellos consideraron como un milagro. A fines de ese año, apareció una cruz pequeña en el tronco de un árbol de caoba, en el lugar que posteriormente se conocería como Chan Santa Cruz, en el actual estado de Quintana Roo. Esa cruz, tenía la facultad de hablar y, según decía ella misma, la había enviado Dios Padre, para ayudar a los mayas en su lucha contra los blancos. La invención de este recurso ingenioso, se debió a un mestizo llamado José María Barrera, quien aprovechó el talento de un ventrílocuo indígena de nombre Manuel Nahuat.

La popularidad del culto a la cruz parlante, convirtió a Chan Santa Cruz en un centro de veneración pero, a la vez, en la capital de los indios rebeldes. La aceptación de la cruz milagrosa, parece haber tenido sus raíces en prácticas religiosas prehispánicas. En Cozumel, hubo un ídolo que hablaba. Detrás del ídolo, había una especie de sacristía con una puerta escondida que comunicaba con la espalda de la imagen, y de ahí, los sacerdotes respondían a las peticiones de los fieles.

En 1851, una expedición militar logró tomar el pueblo de Chan Santa Cruz y los soldados destruyeron la cruz, aunque no lograron erradicar el culto. En el lugar de la cruz parlante, aparecieron otras tres cruces hechas de madera, que se decía habían bajado del cielo y eran hijas de la original. Los rebeldes, decidieron construir una iglesia para albergarlas y los rituales realizados en torno de ellas, se volvieron cada vez más complejos. En el transcurso de 40 años, continuó la campaña del gobierno mexicano contra los indígenas, hasta que el tratado de 1893 entre México y Belice, acabó con el tráfico de armas para los nativos. En mayo de 1901, las fuerzas del ejército entraron en Chan Santa Cruz, pero el sitio ya se había abandonado, y los devotos del culto a las cruces se habían dispersado en la selva.

Con el gobierno de presidente Lázaro Cárdenas, los indígenas recobraron sus terrenos de cultivo. Durante su gestión, muchas haciendas se convirtieron en ejidos colectivos y poco a poco la reforma de la tenencia de las tierras, devolvió a los mayas la posesión más preciosa que aseguraba su modo de vida tradicional.

Glosario

acrópolis: en las ciudades mayas, es un conjunto de varios edificios colocados alrededor de plazas, dispuestas en diferentes niveles, las cuales hay que atravesar para llegar al edificio principal que es un templo.

baktún: periodo de 144000 días del calendario maya.

balché: licor de miel fermentada, mezclado con la corteza del árbol llamado *balché* y diluido con agua.

bicéfalo: cuerpo con dos cabezas.

bóveda maya o bóveda en saledizo: techado a base de hacer sobresalir las hileras de piedras de dos muros opuestos, hasta que el espacio, se pueda cubrir con una sola hilera de losas de piedra.

cinabrio: pigmento rojo de sulfuro de mercurio.

códice: manuscrito elaborado dentro de la tradición indígena.

cuenta larga o serie inicial: cómputo del tiempo con una fecha inicial que corresponde, entre los mayas, al año 3114 a.C.

chultún: cisterna excavada en el suelo.

dintel: parte superior de la puerta que descansa sobre las jambas.

espiga: saliente en el extremo de un objeto, que se ajusta en el hueco o caja de otro.

estela: monumento de piedra con relieves, erigido para conmemorar algún evento sobresaliente.

glifo o jeroglífico: signo de la escritura maya, que puede representar una palabra o los sonidos de una sílaba.

jamba: nombre de cada una de las piezas verticales a los lados de una puerta, que sostienen el dintel de la misma.

katún: periodo de 7200 días del calendario maya.

kin: sol o día, en el lenguaje maya.

Mesoamérica: región cultural que abarca partes de México y Centroamérica, en la cual habitaron pueblos con caracteres culturales comunes.

paramento: cualquiera de las dos caras de una pared.

Popol Vuh: libro en lengua quiché, que narra la creación del mundo y del hombre, además de las aventuras de los gemelos divinos.

putunes: mayas chontales comerciantes y navegantes, que fueron portadores de influencias del altiplano central, de México a la península de Yucatán.

sacbé: camino pavimentado con piedras calcáreas.

serie inicial: ver cuenta larga.

tun: año de 360 días.

uinal: periodo de 20 días.

zoomorfo: en forma de animal.

Bibliografía

Andrews, George F.
1975. *Maya Cities, Placemaking and Urbanization.* University of Oklahoma Press, Oklahoma.
1986. *Los estilos arquitectónicos del Puuc, Una nueva apreciación.* INAH, México.

Barrera Rubio, Alfredo.
1985. *Guía oficial de Uxmal.* INAH, México.

Silvia Rendón.
1969. *El libro de los libros de Chilam Balam.* FCE, México.

Carlson, John B.
1983. The Grolier Codex: A Preliminary Report on the Context and Authenticity of a Thirteenth-Century Maya Venus Almanac. *Calendars in Mesoamerica and Perú: Native American Computation of Time,* pp. 27-57.

Coe, Michael.
1973. *The Maya Scribe and his World.* Nueva York.

Coe, William.
1967. *Guía de Tikal.* University of Pennsylvania, Filadelfia.

Coggins, C. y O. Shane, eds.
1984. *Cenote of Sacrifice.* University of Texas Press, Austin.

Culbert, Patrick.
1974. *The Lost Civilization: The Story of the Classic Maya.* Harper and Row, Nueva York.

Fuente, Beatriz de la
1965. *La escultura de Palenque.* UNAM, México.

Garza, Mercedes de la
1980. *Literatura maya.* Compilación y prólogo. Biblioteca Ayacucho, Caracas, Venezuela.
1987. Los mayas. Antiguas y nuevas palabras sobre el origen. *Mitos cosmogónicos del México indígena,* pp. 15-86, INAH, México.

Gendrop, Paul.
1977. *Quince ciudades mayas.* UNAM, México.

Gutiérrez Solana, Nelly.
1985. *Códices de México.* Panorama Editorial, S. A., México.

Izquierdo, Ana Luisa.
1983. *La educación maya en los tiempos prehispánicos.* UNAM, México.

Landa, Diego de
1973. *Relación de las cosas de Yucatán.* Editorial Porrúa, México.

León Portilla, Miguel.
1968. *Tiempo y realidad en el pensamiento Maya.* UNAM, México.

Literatura maya.
1980. *Literatura maya.* Biblioteca Ayacucho, Caracas, Venezuela.

Matheny, Ray T.
1987. El Mirador. *National Geographic Magazine*, vol. 172, no. 3, pp. 317-339 (septiembre 1987), Washington, D.C.

Miller, Mary Ellen.
1986. *The Murals of Bonampak.* Princeton University Press, Nueva Jersey.

Morley, Sylvanus.
1968. *The Ancient Maya.* Edición revisada por George W. Brainerd. Stanford University Press.

Navarrete, Carlos.
1978. El mundo maya de Yucatán en el periodo posclásico. *Historia de México*, tomo 3, pp. 667-691, Salvat Mexicana de Ediciones, México.

Piña Chan, Román, Amalia Cardós y Noemí Castillo Tejero.
1976. La cultura maya. *Los pueblos y señoríos teocráticos*, segunda parte, pp. 165-246, INAH, México.
1980. *Chichén-Itzá. La ciudad de los brujos del agua.* FCE, México.

Popol Vuh.
1952. *Popol Vuh. Las antiguas historias del quiché.* Traducción de Adrián Recinos. FCE, México.

Ruz, Alberto.
1959. *Uxmal, guía oficial.* INAH, México.
1962. *Guía de Chichén-Itzá.* INAH, México.
1978. Los mayas de las tierras bajas. *Historia de México,* tomo 2, pp. 309-364, salvat mexicana de Ediciones, México.
1987. *Frente al pasado de los mayas.* Estudio introductorio, selección y notas de Ana Luisa Izquierdo. SEP, México.

Schele, Linda y Mary Ellen Miller.
1986. *The Blood of the Kings*. Kimbell Art Museum, Texas.

Sodi, Demetrio.
1980. *Los mayas. El tiempo capturado*. Bancomer, México.

Thompson, J. Eric.
1966. *The Rise and Fall of Maya Civilization*. University of Oklahoma Press, Oklahoma.
1970. *Maya History and Religion*. Univesity of Oklahoma Press, Oklahoma.

Vogt, Evon Z.
1973. *Los zinacantecos: un grupo maya en el siglo XX* (Traducción de Carmen Viqueira). SEP, México.

Apéndice

**Hallazgos y descubrimientos durante la última década del siglo XX
en las zonas arqueológicas comentadas en el texto**

Los estudios e investigaciones realizados en la zona maya han permitido conocer diversos aspectos de la cultura, la historia, el arte, la escritura, la astronomía, las matemáticas y los conocimientos calendáricos de los antiguos mayas. Sin embargo, los descubrimientos no han finalizado y las excavaciones y los análisis continúan, con el pleno reconocimiento de lo que diversos estudiosos han hecho en el pasado y basándose, muchas veces, en sus aportaciones, ya que los nuevos hallazgos e interpretaciones amplían el conocimiento tanto de la gran civilización maya prehispánica, como de la visión del mundo de aquellos que la forjaron.

Cueva de Loltún, Yucatán. Excavaciones realizadas en la cueva de Loltún, al norte de Yucatán muestran que, además del bajorrelieve citado en el libro, perteneciente al Preclásico Tardío y relacionado con las manifestaciones artísticas de los mayas del sur, existen artefactos de piedra y huesos de mamut por debajo de la cerámica, lo cual sugiere que grupos de cazadores pudieron haber habitado la región en una época anterior.

El Mirador, Guatemala. El Mirador, al norte de Tikal, fue estudiado de nuevo a partir de 1990, Richard Hansen excavó una pequeña plataforma triádica situada al sur del Complejo del Tigre, denominada Estructura 34, los restos del Preclásico Tardío que se encontraron en el suelo del templo quedaron ocultos cuando se desplomó el techo; en el peldaño más alto de la escalera del centro se halló un pozo que se edificó cuando las paredes de la construcción habían caído de manera parcial, y éstas, fueron fechadas a través del carbono alrededor de 130 a.C. La escalera tenía a los lados pedazos de mascarones de estuco parecidos a los de otras plataformas en Cerros, Uaxactún y Tikal, sitios de las tierras bajas en el Preclásico Tardío, por lo que El Mirador representa un relevante conjunto del citado periodo en el área maya.

A pesar del acelerado desarrollo de las ciudades de las tierras bajas, en el Preclásico Tardío existen escasas muestras de jeroglíficos y fechas, tal vez debido a una deficiente preservación, aunque Richard Hansen halló hace poco rastros de glifos en una edificación de esta etapa en El Mirador; asimismo, una anotación encontrada

recientemente parece hacer mención a una fecha del siglo II d.C. Además, los hallazgos arqueológicos en algunos sitios de las tierras bajas, como Cerros en Belice, han
permitido obtener un modelo del desarrollo de la organización política y económica
de las tierras bajas semejante a la existente en el área del sur.

Uaxactún, Guatemala. Las nuevas excavaciones realizadas en Uaxactún, en el
Grupo H, que se localiza al noreste del Grupo E, dieron como resultado el descubrimiento de un conjunto arquitectónico del Preclásico tardío; el punto central de dicho
conjunto es la Plaza del Sur, una plataforma baja con otras en los lados este, norte y
sur. Las seis construcciones que conforman la del este tienen como decoración diversos mascarones de yeso pertenecientes al mismo periodo, la fachada oeste de la plataforma principal del este, llamada Estructura H-sub-3, contaba con dos más
mascarones en cada flanco de la escalera central, los que representan a la montaña
sagrada maya, y contienen diseños que simbolizan la tierra. Estos mascarones distinguen a la citada estructura, al igual que a otros templos de la zona como una de esas
montañas. Como se ha señalado, según la cosmogonía maya, las cuevas con ese tipo
de formaciones, daban acceso al inframundo y, también, las puertas de los templos se
comparaban a las primeras, siendo entonces espacios ideales para la realización de
ceremonias cuya finalidad era establecer un vínculo con el mundo divino.

Hacia el oeste de la citada estructura, se encuentra una edificación más pequeña,
la Estructura H-sub-10, donde se han hallado relaciones con los mandatarios del pasado de Uaxactún en los adornos en forma de mascarones de *ahau,* a los lados de las
escaleras y en las paredes ornamentadas con representaciones del gobernante, parado
encima de un trono con espirales de humo a su alrededor, semejantes a las encontradas en la Estructura 5D-sub-10 de Tikal.

Copán, Honduras. En este sitio arqueológico, se lleva a cabo desde hace algunos
años el Proyecto Arqueológico de Copán, que cuenta con varios programas, como el de
la Acrópolis del Temprano Copán, bajo la dirección de Robert Sharer, con la intención
de estudiar la historia arquitectónica de la Acrópolis. La excavación de la Estructura 10
L-16 realizada por Ricardo Agurcia empezó en 1989 y la excavación del Grupo del
Cementerio, localizado al sur de la Acrópolis, dio principio en 1990, conducida por
Wyllys Andrews V.

En 1989 se encontró la Estela 63 que es el monumento más antiguo descubierto
hasta ahora en Copán. Se halló mientras se hacían las investigaciones en la Estructura
10 L-26, en cuya última etapa se ubica la Escalera Jeroglífica y se localizaron varias
edificaciones anteriores conectadas con la secuencia general de la Acrópolis. Una de
las construcciones, conocida como Papagayo, fue edificada en el periodo inicial de la
Acrópolis, alrededor de 400-500 d.C., y se trata del sitio donde originalmente se
albergó a la Estela 63. La inscripción de la citada estela habla del segundo gobernante
que era hijo de Yax Kuk Mo' y parece conmemorar un ritual realizado por el funda-
dor del linaje en 435 d.C. Después, cuando Cu Ix, cuarto mandatario del lugar, estaba

en el poder, se agregó un nuevo piso a la edificación del Papagayo e igualmente se colocó un peldaño jeroglífico en la parte inferior de la Estela 63.

Como parte de las investigaciones del Programa de la Acrópolis del Copán Formativo se han perforado más de dos kilómetros de túneles, siguiendo la estratigrafía arquitectónica, con lo que se comprobó la serie de edificación subyacente al Patio Este o Estructura 10 L-22 y otras colindantes, adquiriendo un conocimiento temporal de la historia de Copán, tanto en base a la estratigrafía, como a la ubicación de piezas de alfarería y al desciframiento de las inscripciones con fechas calendáricas.

Entre las estructuras pertenecientes al lapso del 500 al 650 d.C. se encuentra una plataforma grande con dos hileras, al lado este del Patio Central, adornada con mascarones de argamasa, plataforma que recibe el nombre de Estructura Ante. Bajo su eje este-oeste, se descubrió un escondite donde estaba una efigie de jade esculpida dentro de una concha de ostra. Además, encima de uno de los peldaños de la escalera que conduce a la parte superior, se halló una inscripción jeroglífica que parece señalar que la edificación puede estar relacionada con el mandatario Jaguar Lirio de Agua, séptimo en la sucesión, quien probablemente vivió entre 504 y 544 d.C.

Debajo de una escalinata que se localiza enfrente del patio de la Estructura Ante se descubrió, en 1992, una tumba con los restos de un hombre joven, encima de una plataforma de piedra y, en el suelo se encontraron ofrendas funerarias, como objetos de cerámica decorados con figuras polícromas. Tanto estos objetos, como la estratigrafía de la sepultura, indican que fue hecha aproximadamente a mediados del siglo VI, lo que hace suponer que los restos podrían ser de Jaguar Lirio de Agua, de alguno de sus descendientes cuyos mandatos fueron muy cortos, o bien de Jaguar de Luna, el décimo gobernante, quien tuvo el cargo de 553 a 578 d.C.

La Estructura Ante fue demolida de manera parcial entre 650 y 800 d.C. y se encontró otra edificación cerrada debajo de la Estructura 10 L-16 a la cual se llamó Rosalila, de dos pisos y diversos cuartos, cuya portada estaba decorada con mascarones de estuco que estuvieron pintados con colores brillantes. Rosalila fue excavada e investigada por Ricardo Agurcia y era una construcción de especial importancia, pues se usó durante un tiempo prolongado y, al dejarla, no se destruyó como otras, sino que se cubrió para ser preservada. En la excavación de sus cámaras el arqueólogo Agurcia halló escondites con algunos objetos, entre los que destacan nueve pedernales con un trabajo muy elaborado.

En 1993 se realizó un hallazgo de relevancia, pues los túneles perforados revelaron un aposento abovedado en el interior de una plataforma de mampostería de mayor antigüedad, denominada Margarita, enterrada debajo de la Acrópolis. En la pared del lado sur del aposento había una inscripción del año 437 d.C. unida al nombre del segundo gobernante y al final el apelativo Yax Kak Mo', lo que sugiere que el aposento encierra los restos de quien implantó la estirpe, ya sea Yax Kak Mo' o su heredero, y al fecha puede estar relacionada a una dedicación o a algún otro hecho relacionado con la sepultura.

Yaxchilán, México. Los estudios y exploraciones realizados en Yaxchilán, una de las ciudades más importantes del periodo Clásico maya, han determinado que el sitio fue habitado antes de 250 d.c., y que su ocupación finalizó aproximadamente en 900 d.C. Las inscripciones jeroglíficas conocidas hasta ahora señalan como la fecha más antigua el 435 a.c. y, entre las últimas, el 808 d.c. En años recientes este lugar ha sido estudiado por arqueólogos del Instituto Nacional de Antropología e Historia, lo que ha permitido el fortalecimiento y conservación del área central del sitio.

Una estela encontrada en el curso de esas investigaciones presenta a la madre de Jaguar Pájaro, la Señora Estrella Vespertina, haciendo un rito de sangrado de lengua, igual al que la Señora Xoc realiza en el ya citado Dintel 24 del Templo 23. Esta nueva estela se halló en el Templo 21, inmediato al Templo 23.

En 1993, Pascual Vázquez Pérez, vigilante de Bonampak condujó al arqueólogo Alejandro Tovalín, dirigente del equipo arqueológico Bonampak del INAH y a sus colaboradores a un sitio localizado a 12.5 km al sur de Yaxchilán, donde se encontraba una estela con precioso labrado por ambos lados. Esta estela, número 1, a la que los habitantes del lugar denominaban El Rey, forma parte de un asentamiento prehispánico al que se dio el nombre de Dos Caobas, mismo que ostentaba el paraje donde se encontró, lugar que contiene también patios y plazas bordeados con plataformas y montículos. Dada su localización se decidió trasladarla a un sitio protegido, lo que se hizo cuatro años más tarde cuando fue bajada y transportada al auditorio comunal del pueblo Frontera Corozal. En el curso de los trabajos en la base del cerro, el arqueólogo Tovalín halló una segunda estela que también se llevó a la citada población.

La estela 1, o del Rey, tiene cuatro metros de altura y consta de inscripciones jeroglíficas en ambos lados; en los dos se representa a Itzam-Balam II, mandatario de Yaxchilán entre 681 y 742 d.C. En un lado se le ve con vestimenta de guerrero, llevando una lanza y un escudo y, junto a él, un subordinado le muestra a un prisionero a quien detiene por el cabello. En el otro lado, Itzam-Balam se encuentra parado, portando una lanza y un escudo, frente a un cautivo acurrucado y con las extremidades atadas, que lleva orejeras de tela como signo de que sería sacrificado. Asimismo, en la sección de abajo de cada uno de los lados hay inscripciones que mencionan los títulos que ostentaba este gobernante, así como los nombres de sus progenitores Yaxun-Balam y la Señora Pakal.

La Estela 2 es más chica y tiene esculpido un solo lado, en el cual se representa a Itzam-Balam II sentado en un trono, portando muñequeras, collares de cuentas y un gran tocado con plumas y la representación del dios K. Detrás de él hay dos mujeres de pie frente a él, un hombre que debió ser un noble del sitio Dos Caobas, que estaba sujeto a Yaxchilán, quien le ofrece un cetro maniquí, símbolo del poder. La parte de arriba de la estela está dañada, lo que dificulta la interpretación de los jeroglíficos y, en la parte de abajo, es completamente visible el nombre de Itzam-Balam, señor de Yaxchilán.

Palenque, México. Palenque es un lugar que muestra la magnificencia de la cultura maya y en el que los descubrimientos e investigaciones continúan. A partir de 1989 el INAH, Instituto Nacional de Antropología e Historia de México, realizó diversas investigaciones en diferentes edificaciones del lugar. Asimismo, en 1992 comenzó un Proyecto Arqueológico Especial dirigido por el arqueólogo Arnoldo González Cruz, con labores tanto de excavación como de recuperación.

De acuerdo con las investigaciones recientes los rasgos distintivos del Templo de la Cruz quedan de manifiesto al ver que fue edificado encima de un cerro, su basmento tiene cuatro pequeños aposentos que se encuentran arriba del descanso del quinto cuerpo y, delante de ellos, se descubrió una explanada con piso de estuco en mal estado, debajo del cual se encontraron cuatro tumbas, dos de ellas con habitación abovedada y base rectangular, una de las cuales está bien conservada, la tercera tiene planta irregular y dos cuartos aislados por una pared en el centro, carece de bóveda y su techo fue construido con lajas rectangulares. La cuarta tumba sin depredación alguna, se encontraba tapada con una lápida monolítica y, al ser separada, se vio que contenía una ofrenda de 630 objetos de jadeíta y se hallaron también 60 pedazos de hueso, diez fragmentos de concha nácar, tres cuchillos de pedernal y un cajete de barro.

En el cimiento del paramento del centro de la portada oeste, en la parte superficial de la plaza y debajo de escombros, se encontraron dos cuchillos grandes de obsidiana entrelazados uno encima del otro, los dos delicadamente tallados y sin rastros de haber sido usados, se piensa que puede tratarse de una especie de dádiva dedicatoria o de edificación, puesto que son objetos de lugo o rituales.

Entre 1992 y 1994 se llevaron a cabo importantes exploraciones e investigaciones arquelógicas y, en ese lapso, se encontró un nutrido grupo de objetos, inscripciones y materiales que aumentaron los datos acerca de los antiguos habitantes de Palenque y sus relaciones con la totalidad de la sociedad maya. En el curso de esas excavaciones, que se prolongan hasta la actualidad, se hallaron una gran cantidad de incensarios en el Grupo de las Cruces, la zona ceremonial de mayor relevancia en esa vieja ciudad. Dichos objetos, que se sepultaron en los basamentos de las edificaciones como ofrendas constructivas, muestran una decoración muy elaborada, cuyo tema primordial es un gran mascarón antropomorfo reconocido como el semblante del dios solar. Los almacenamientos más numerosos estaban en las fachadas poniente de los Templos de la Cruz, del Sol, de la Cruz Foliada y XIV y, en menor cantidad, en el Grupo XV.

Muchos se encontraban en pedazos pues, al ser instalados dentro de los basamentos, soportaron el impacto y el peso del terreno y las piedras que conforman la médula de la edificación. Estos objetos son llamados incensarios compuestos debido a que constan de dos componentes que son el pedestal abajo y el cajete-brasero en la parte de arriba, éste es coniforme y servía para poner la sangre y las resinas vegetales incineradas en las ceremonias; en tanto que el primero es una especie de rollo vacío con dos secciones de forma rectangular unidas a los lados, llamadas "aletas". El mascarón del centro representa, por lo regular, el rostro de uno de los dioses de la tríada de Palenque, en especial de aquellos que han sido denominados GI, el sol joven, y GIII, el sol Jaguar del Inframundo.

Según las investigaciones realizadas, estos incensarios fueron ideados como árboles cósmicos, ordenados en base a un arreglo alegórico inseparable que muestra la representación de la ceiba-cocodrilo. Además, siempre presentan abajo un mascarón con la faz del monstruo Imix, que es una encarnación de dicha ceiba, que se plasma como una imagen del plano inferior donde se juntan y, a la vez, se distinguen los niveles del mundo y del inframundo. En ocasión de los rituales, los incensarios personificaban a las deidades e incinerando en ellos sangre, resinas, copal tallado a manera de mazorcas e inclusive granos de maíz, se lograba la comunicación y se nutría a los dioses. Arriba del mascarón del dios se colocaban otros componentes de las imágenes que, se pensaba, eran la comitiva y los compañeros de la deidad solar en su transcurrir diario y anual. En tanto que en la orilla superior del rollo hay diferentes aves, cuya variedad puede representar la travesía del sol por diversos sitios de firmamento.

A través de los árboles-incensario se proporcionaba, entonces, energía al cosmos, o sea sangre y maíz tanto para nutrir a los dioses como para consagrar la agricultura —base del sustento humano— por ello, en la sección de arriba del cilindro, saliendo a manera de retoño vegetal, se reproducía a otro dios de la tríada, GII o K'awiil, que estaba relacionado con el renacimiento de las plantas.

Según los últimos desciframientos, se ha podido conocer el periodo de existencia de los incensarios, puesto que en los tableros del Templo de las Inscripciones se ve que éstos renacían cada vez que finalizaba un katún o ciclo de 20 años y, como tenían una etapa restringida de uso, al llegar a su término eran reemplazados por otros de reciente elaboración; los viejos se sepultaban en los basamentos del Grupo de las Cruces, primordialmente del lado oeste de las construcciones, lugar en el que iniciaban su camino a la comarca de los muertos, o de la declinación del sol.

En 1993 se exploró y consolidó el Templo del Sol, uno de los que presentan mejor estado de conservación, se obsevaron dos etapas constructivas y se rescataron varios portaincensarios. Cerca de esa edificación está el Templo XV, que se estudió tanto en 1993 como en parte de 1994, presentando elementos similares a los existentes en los templos de la Cruz, del Sol y de la Cruz Foliada. En el cuarto lateral derecho del Templo XV se encontró el acceso que desciende a un pasillo que lleva a tres cámaras y, en la del centro, se hallaron los restos de una tumba que tal vez perteneció a una persona con un alto cargo y, aunque había sido saqueada con anterioridad, se recobraron objetos de jade, concha y hueso, platos y cajetes de barro que conservaban parte de su adorno original.

Hacia el noreste del Templo XV hay un conjunto de ocho edificios llamado Grupo XVI que, se cree, fue utilizado como unidad habitacional para los miembros de la nobleza donde en 1993, durante las excavaciones realizadas en el Proyecto Especial Palenque, se encontraron inscripciones jeroglíficas que proporcionan información acerca de la historia dinástica del lugar, en especial en lo que toca a diversos mandatarios de las provincias que estaban sujetas a esa capital; datos que demuestran que el Grupo XVI sirvió tanto de área administrativa como de morada temporal para esos jefes de provincias.

El conjunto consta de seis edificios levantados arriba de tres terrazas. El edificio 3 es el mayor y más complejo, pues tiene tres niveles que se unen a través de estrechas escaleras interiores. El Edificio 1 posee dos galerías en un mismo nivel, en la galería norte se hallaron fragmentos de un tablero de estuco en el que se ha descifrado el nombre Balam Ahaw o Señor Jaguar, originario de Tortuguero (en Tabasco), lugar que gobernó entre 644 y 679 d.C. y que estaba sujeto a Palenque. Otro descubrimiento en el Edificio 1 fue una hacha votiva de piedra color gris verdoso. En el pasillo que separa al edificio 4 del 1 se encontró un sugestivo fragmento que parece haber pertenecido a un tablero más grande, tallado en piedra caliza, con la representación de cinco personajes que bajan por una escalera cargando un bulto. Cada uno de los personajes tiene su nombre en glifos, tres de ellos se encuentran completos y llevan una vestimenta simple, distinguiéndose sólo por lo elaborado de su tocado coniforme. El del centro que porta collar, orejeras, muñequeras y un tocado con la imagen del dios K al frente, ha sido reconocido como Akul Ah-Nab debido a los glifos tallados a su lado. Mientras que los dos personajes que lo flanquean llevan tocados sencillos, que contrastan con el cuidadoso registro de las manifestaciones de su fisonomía. En el límite bajo del fragmento, se aprecia la silueta de un cuarto personaje y, debajo del bulto, se halla otro más; la fecha de este acontecimiento es el 1° de abril de 731 d.C.

En la terraza de arriba del Edificio 2 del mismo Grupo XVI, se descubrió un almacenamiento de estelas de piedra caliza talladas, con inscripciones fracturadas y un tanto desgastadas; el estudio epigráfico mostró que los pedazos encontrados formaban parte de cuatro distintos tableros, la mayoría conformaba la sección de un gran tablero que, al ser reconstruido, puso de manifiesto una serie de coronaciones de señores provinciales, sobresaliendo los mandatarios de K´an Tok o Lugar de la Nube Preciosa. El ahora llamado Tablero de K´an Tok tiene anotados acontecimientos acaecidos de 445 a 767 d.C., siendo la inscripción histórica más extensa de Palenque y, al compararla con el estudio de la cerámica del Grupo XVI, se deduce que los mandatarios y nobles de ese lugar tuvieron trato con los de Palenque durante aproximadamente 450 años. Una de las interrogantes para encontrar la localización de K´an Tok y, después de varios estudios, se llegó a la conclusión de que podría tratarse de Jonuta (en Tabasco).

Los indicios jeroglíficos existentes ponen de manifiesto que los mandatarios de Palenque no reconocieron durante un largo periodo a sus señores provinciales pero, en el siglo VII, este importante sitio parece haber concentrado en forma desmedida el dominio político y presentado un desequilibrio lo que, aunado a las guerras, consumió su soberanía en la región. Esta condición se modificó entre 722 y 736, cuando se hicieron reproducciones del gobernante acompañado de los mandatarios de regiones subyugadas, quienes tomaban parte activa en las ceremonias, con lo que se vislumbra un cambio en la táctica política o simplemente una mayor colaboración de los jefes subordinados en el manejo del estado.

Al este de la Plaza se localiza el Templo de la Cruz Foliada que se restauró en 1994. Igualmente se excavaron cuatro plataformas chicas al norte del Templo XV y, en una de ellas, se encontró el portaincensario mejor preservado de los 140 recuperados en la Plaza, dicho incensario guarda todavía los colores rojo y azul auténticos con los que se decoró hace más de un milenio.

Al sur de la Plaza se excavó la estructura llamada Templo XX, que tiene un basamento de 15 m de alto, en cuya parte sur se halla la Estructura XX-A que también fue explorada en 1994. Después, al sur de la Plaza de la Cruz, se hicieron dos importantes descubrimientos como consecuencia de las investigaciones realizadas desde 1997, se trata de una plataforma o altar en el interior del Templo XIX y una cámara funeraria en el Templo XX.

Esta última tiene aplanado de estuco y su superficie estaba coloreada en rojo, en las partes norte, este y oeste se ven personajes antropomorfos y zoomorfos en tonos oscuros, siendo la primera vez que se hallan imágenes en los muros de una cámara mortuoria. Al sur de la cámara estaba la entrada principal cubierta con dos lajas planas muy bien talladas; las paredes, la bóveda y las citadas lajas tienen un magnífico estado de conservación y, como hasta ahora no se ha encontrado osamenta alguna, se piensa que se trata precisamente de una cámara funeraria y no de una tumba.

El Templo XX hace esquina con el Templo XIX y, en enero de 1999, se halló una subestructura anterior, se hicieron pozos de sondeo y se hallaron piedras muy bien labradas y ordenadas en la bóveda exterior de una cámara. Al realizar labores de limpieza, en la esquina noroeste se encontró una abertura a través de la cual se pudo contemplar un aposento de piedra caliza, donde todavía no se realizan estudios, ya que primero se llevaron a cabo investigaciones para evitar que la pintura mural se dañara.

Frente al Templo XX y en el lado sur del Templo de la Cruz Foliada está el Templo XVII, ahora llamado Templo de los Guerreros, donde en 1993 se halló un tablero con la representación de un personaje de frente, con la cabeza volteada hacia la derecha, lujosa vestimenta, tocado con la imagen de un jaguar, taparrabo con un componente cuatrifolio, pectoral de cuentas, collar del que cuelga una cabecita, muñequeras y sandalias, una lanza en la mano derecha y algo que semeja una mantilla en la izquierda. A su lado derecho se ve a otro personaje de perfil, sentado en posición de flor de loto, con los brazos amarrados por delante y en la cabeza un mechón de pelo echado hacia la frente.

En el extremo izquierdo hay glifos numerales que se interpretaron como 28 de agosto de 490 d.C., otros glifos referentes a la subida al trono de Akul Ah-Nab I y, sobre el prisionero, glifos que indican que fue aprehendido el 10 de enero de 682 y que era un gobernante de quien, hasta ahora, se desconoce el nombre y lugar de procedencia. Sin embargo, sobresale que fue hecho prisionero cuando Kan-Balam era mandatario pues se le apresó para celebrar la designación de Akul Ah-Nab como heredero. Se debe señalar que el tablero está fragmentado y falta una sección del panel derecho y su descubrimiento podría esclarecer la práctica del uso del tiempo en la visión maya, pues se evocan sucesos del pasado y son evidentes las diferencias de tiempo en la inscripción, donde se presentan hechos muy distantes entre sí.

Se hicieron trabajos de exploración y conservación hacia el norte del área monumental, en el Grupo Norte, se laboró en sus cinco edificaciones y se excavó el basamento que las sostiene, lo que dio lugar al hallazgo de subestructuras y escalinatas. Asimismo, detrás de un pequeño cuarto, a un lado de la escalera que da acceso al Templo II, se encontraron pedazos de la imagen de un personaje con anteojeras, un centro en la mano izquierda y elegante vestimenta. En el Templo del Conde se realizaron labores de conservación, en tanto que el Templo X, plataforma pequeña a la que se llega por una ancha escalinata, fue completamente investigado y se recabó información referente a su sistema de construcción.

Como parte del Proyecto Especial Palenque se excavaron también edificios habitacionales, escogiendo para ello los conjuntos llamados Grupo B, Grupo C, Grupo IV y Grupo I-II. En muchos casos, los recintos tienen tumbas debajo del piso, y de los 180 entierros localizados, el 80% fue encontrado precisamente en estos conjuntos; asimismo se halló una multitud de objetos primordialmente de uso diario, tales como molcajetes, morteros, vasijas de barro, metates, esculturas de bulto, adornos de concha, jadeíta y hueso, así como diversas herramientas de piedra.

En 1994 se trabajó en la plataforma situada al este del Templo de las Inscripciones, que sostiene a tres templos llamados de la Calavera, XII-A y XIII. En el de la Calavera se encontraron cinco cuerpos con una escalera al centro, se hicieron pozos de sondeo y se hallaron dos subestructuras y una tumba situada en la subestructura más antigua, donde se descubrió una ofrenda con unos 700 fragmentos de jade, entre los que sobresale uno en forma de triángulo con una cara antropomorfa tallada en el anverso y nueve glifos en el reverso, siendo uno de ellos el Glifo Emblema del sitio arqueológico de Pomoná con la fecha de 20 de febrero de 697 d.C. del pequeño edificio llamado XII-A, a un costado de la Calavera, solamente se afianzaron los restos de la ya derrumbada estructura.

En tanto que al llevar a cabo excavaciones en el Templo XIII, situado junto al de las Inscripciones, se exploró el segundo cuerpo y se encontró un corredor que conducía a una hermosa galería hecha con bloques de piedra caliza, en cuyo muro sur había tres habitaciones, la primera y la última estaban vacías, mientras que la de enmedio se hallaba tapada con lajas y aplanado de estuco que guardaba rastros de color negro.

Se hizo una perforación en el área izquierda de arriba de la entrada tapiada, logrando ver una opulenta tumba dentro de un recinto, el sarcófago coloreado en rojo ocupaba casi toda la habitación y encima de él se encontraba una lápida monolítica de piedra caliza sin adornos; sobre ella, al centro, había un incensario con tapa, y en la base un malacate de hueso. Más atrás se veía la puerta principal y cinco escalones que permitían la entrada al aposento.

Posteriormente, al remover la tapa del sarcófago, se encontró una osamenta femenina con la cabeza hacia el norte y jades, agujas de hueso, perlas y navajillas de obsidiana alrededor del esqueleto, mismo que tenía orejeras, pulseras, tocado y una máscara formada por 200 pedazos de jade. Al este del sarcófago se encontraron los restos de otra mujer adulta, colocada boca abajo, que tal vez fue sacrificada, en tanto que del lado oeste estaban los restos de un infante masculino colocado en decúbito dorsal extendido. Encima de una cavidad del muro oeste se habían puesto tres silbatos antropomorfos de barro, y sobre los primeros escalones un plato de arcilla pintado en color marrón, así como dos vasos de barro color naranja y, en el penúltimo escalón, un entierro secundario conformado por huesos largos y dientes con incrustaciones de jade. Se desconoce quién fue enterrada allí, aunque este hallazgo lleva a la conclusión de que la Gran Plaza servía también como necrópolis para la nobleza.

Al sureste del centro ceremonial, a unos 130 m del Templo de Cruz, se halla el Templo XIX. Durante su investigación se hallaron unos peldaños revestidos con lajas, así como el suelo donde había dos grandes lajas y, adentro, los residuos de una columna adornada con una imagen polícroma de estuco y los de un bajorrelieve de gran calidad. Entre el residuo se encontraron jeroglíficos de estuco en buen estado; en la galería norte, a unos cuantos metros de la puerta, había una gran piedra unida al muro del frente que era porción de una plataforma o trono, el cual se halló en 1999.

Se trata de una especie de banca rectangular de mampostería que en sus costados sur, este y oeste tiene lajas de piedra caliza, dos de ellas labradas y la tercera presenta un ribete pintado de rojo, en tanto que el lado norte está unido a la pared. Arriba tenía una laja de piedra caliza fragmentada, en el piso sur del trono había un sedimento que guardaba residuos degradados encima de un tablero roto, y junto con él se encontraron ollas pequeñas, espinas de mantarraya, un arete, pedazos de carbón y el trozo de una piedra de jadeíta.

La inscripción jeroglífica más importante proporciona datos de la historia mitológica de Palenque, previos al natalicio de las deidades que forman la tríada, haciendo referencia a diversos acontecimientos de la existencia del Primer Padre Sol, llamado igualmente GI. Comienza con el año 3309 a.C., cuando esta deidad ascendió al trono, suceso que tiene lugar cuatro siglos antes del nacimiento del Joven Dios Sol o GI, uno de los integrantes de la tríada, por lo que los datos de esta inscripción sitúan a Palenque en una antigüedad mitológica más remota. El siguiente hecho hace referencia a una decapitación ritual; en el tercero se habla del nacimiento del Joven Dios Sol en 2360 a.C., se menciona luego el natalicio del dios Xbalanqué o GIII y, posteriormente el del dios K´awiil o GII en 2350 a.C. y, enseguida, se da el año 2304 a.C. para indicar la subida al trono de la Señora Ancestral, quien es la progenitora de los dioses de la tríada de Palenque. Finalmente, se cita el año 721 d.C. para indicar la elevación al poder de Ahkal Mo´Nab´, lo cual da la impresión de que el propósito del mandatario era usar esa fecha sagrada en la existencia de los dioses para marcar su ascenso al trono, logrando así instituir su relación con esas deidades.

Los grandes intervalos de tiempo mencionados en el texto jeroglífico encierran variaciones de ciclos astronómicos relevantes. Christopher Powell, quien en la actualidad forma parte del proyecto del INAH en Palenque, ha estudiado los rasgos astronómicos y numéricos de la plataforma, demostrando que los ministros de culto mayas pusieron mucha atención en arreglar el pasado mitológico remoto para que coincidiera con su época. El propósito de establecer una paridad entre el ascenso de GI y el del mandatario no era un procedimiento del relato, sino que tenía la intención explícita de que los gobernantes fueran considerados encarnaciones de las deidades, o sea que la toma de poder histórica no fue sólo la expresión alegórica del mito, sino que en verdad se tornó en una representación del suceso en el que un dios puso a otro en el gobierno, justificando así una especie de administración celestial.

Las inscripciones del tablero oeste empiezan en 561 d.C., cuando el mandatario K´an Hok Chitam I hizo la ceremonia de consagración de un pedestal, indicando después el ofrecimiento de tres altares o templos a cada una de las deidades de la tríada. Según parece, el Templo XIX es uno de los citados y fue dedicado a GI, pero se mencionan dos construcciones más destinadas a GII y GIII, que aún no han sido encontradas. Luego se hace referencia al año 731 d.C. (que marca el fin del décimo katún), cuando Ahkal Mo´Nab´cargó al Sol o GI, este nombre que ahora se da al último gobernante de Palenque (antes Akul Anab II) se debe al descubrimiento de dos nuevos glifos y a los trabajos de desciframiento realizados por el Dr. David Stuart. Enseguida se habla del ritual en honor del dios K´awiil o GII y del dios Xbalanqué o GIII y finaliza con el año 736 d.C. (complemento del cuarto Katún). Según parece la intención era implantar una relación entre los personajes de los lados norte y sur con el del centro. En tanto que la imagen del norte presta atención a K´an Hok´Chitam I y, probablemente, Ahkal Mo´Nab´se encuentra allí para justificar su ascendencia divina, mientras que en el lado oeste se pone de manifiesto su conexión con un noble mandatario.

Sayil, México. La zona Puuc, en Yucatán, destaca por su suntuosa arquitectura. Con objeto de profundizar en el conocimiento de la región el INAH, en colaboración con el Centro Regional del Sureste, llevó a cabo una investigación en Sayil, uno de los mayores asentamientos, que es conocido en especial por su Gran Palacio y otras estructuras relevantes como el juego de pelota y el Mirador. Para tener una mejor comprensión de la organización del lugar en años recientes se elaboraron nuevos mapas, se mejoraron los ya existentes y se estudiaron estructuras pequeñas y restos más sencillos o de casas perecederas, alejados del núcleo principal, llegando a la conclusión de que Sayil fue una urbe con un alto número de habitantes, donde se construyeron moradas en todos los lugares donde se pudiera perforar una cisterna o chultún.

Se determinaron con exactitud los linderos de la ciudad, que comprende una extensión de 3.5 km² y se observó que sus fronteras se señalaron con pequeñas pirámides rituales ubicadas hacia el rumbo de los puntos cardinales desde el núcleo de la urbe. En dicho centro se localizó un conjunto de doble plaza al lado del camino de ingreso más importante. Asimismo, en el corazón del lugar, al sur del Mirador, se descubrió un complejo de plataformas de poca altura para edificaciones con frente abierto, algunas con una banqueta adentro, que pudieron haber servido como mercado.

También se realizó una excavación y recolección de superficie, obteniendo gran cantidad de tepalcates, elegidos con objeto de conocer a los residentes de las diferentes secciones del lugar, relacionados con las distintas clases de edificaciones, así como con las zonas que se creía habían estado vacías alrededor de las viviendas que se hallan encima de plataformas relacionadas con la parte del patio donde había uno o más chultunes para almacenar agua. Al cotejar lo recolectado, básicamente cerámica y herramientas en 63 plataformas de grupos habitacionales, no se encontraron diferencias estadísticas representativas entre los distintos grupos de edificios. En cambio, la recolección de superficie en las extensiones abiertas indicó que los espacios que rodeaban a las habitaciones pudieron haber sido jardines o huertos para la siembra de productos agrícolas, por lo que Sayil seguramente fue una población en la que cada conjunto habitacional tenía a su alrededor una huerta y gran cantidad de plantas.

Uxmal, México. Es uno de los sitios más relevantes de Yucatán y el más grande y renombrado de los pueblos Puuc. Ha sido restaurado e investigado con recursos aportados por el INAH y otras instituciones, acciones dirigidas en particular al Cuadrángulo de los Pájaros con la finalidad de recabar datos que permitieran estudiar la temporalidad y la secuencia constructiva del Cuadrángulo.

Se encontró un crecimiento que comprende aproximadamente del 550 d.C. al 1000-1100 d.C. Al principio, el lugar donde se localiza el Cuadrángulo estaba ocupado únicamente por el templo I del Adivino. En la fase subsecuente éste se modificó en un basamento piramidal; en esa misma época se levantaron los edificios norte y sur que conformaron una plaza abierta junto con varias edificaciones del Cuadrángulo de las Monjas. En la tercera fase se construyó el edificio oeste y el conjunto quedó a manera de cuadrángulo con una entrada bastante limitada, ya que se ingresaba mediante el corredor abovedado situado en aquella edificación.

Unidos con las fases finales de construcción se localizaron utensilios de la élite originarios de otros lugares de la región maya y de Mesoamérica, objetos de lujo que, junto con la ornamentación de los edificios y la entrada limitada, pone de manifiesto que en la última fase el Cuadrángulo de los Pájaros pudo haber sido la morada del último mandatario de Uxmal.

Chichén Itzá, México. Entre los resultados y avances del Proyecto Especial Chichén Itzá, Yucatán, iniciado en 1993, pueden citarse el rescate de cuatro edificios grandes y varios pequeños que se habían excavado hace bastante tiempo y luego se habían abandonado; la liberación de algunos espacios urbanos; la investigación de la organización interna del lugar; el hallazgo de modos de conservación de agua; el registro de nuevos elementos iconográficos que dan otras perspectivas de explicación de la cultura; los objetos de obsidiana encontrados que confirman, una vez más, el comercio que Chichén Itzá tenía con otros pueblos de Mesoamérica, y las muestras cerámicas, que explican con mayor exactitud tanto su manufactura local como los intercambios con diferentes zonas.

Las labores realizadas en el proyecto han permitido el reconocimiento de alrededor de 75 caminos blancos, sacbe-ob en maya, de diversos kilómetros de largo que unían el centro de la urbe con otros grupos y estructuras en un modelo cruciforme que tenía su núcleo en la Plaza del Castillo. Dichas calzadas son típicas del paisaje en la zona norte de Yucatán, y es impresionante la diversidad de componentes unidos con ellas, tales como pequeños templos, escalinatas y portones, entre otros.

También se estudió y reparó el Templo de las Mesas localizado junto al de los Guerreros, el basamento de cuatro cuerpos está adornado con paneles remetidos parecidos a los del Castillo; el templo con dos crujías y pórtico conserva relieves en pilastras y jambas, así como la sección grande de un altar detenido por atlantes. Del escombro que rodeaba al edificio se rescataron un friso con jaguares entre árboles, y otro con serpientes emplumadas, al igual que una fila de almenas compuesta por armas entrelazadas que seguramente remataba la orilla del techo abovedado. Además había cuatro ofrendas de fundación del edificio formadas por collares, figurillas de piedra verde y bases para espejos de hematita.

Se encontró una edificación previa que guarda una gran porción del revestimiento auténtico, una cubierta tenue de estuco policromado con murales de serpientes en las bóvedas y relieves de guerreros altos en las columnas de adentro. Se liberaron y restauraron la columnata 2d6 adyacente y un conjunto de estilo "patio con galería" aislado del Templo de las Mesas por un corredor estrecho y cerrado con una puerta abovedada.

Se exploraron y repararon cuatro edificaciones en la arista noreste y el costado entre la Plaza de las Mil Columnas encontrando distintas etapas de superposición, columnatas con relieves de piedra, techos abovedados y decoraciones polícromas. Se rescató la Columnata Noreste, así como sus pilastras, el altar adornado con relieves y seis mascarones de la fachada superior que fueron reconstruidos casi en su totalidad.

El Palacio de las Columnas Esculpidas fue excavado y restaurado a pesar de que estaba totalmente derruido y diseminado, se rescataron grandes áreas del frontispicio adornado con relieves y mascarones. En la mayoría de los edificios de este tipo hay uno o más mascarones narigudos que se conceptúan como un rasgo completamente maya, característico del Puuc y, más de 40 mascarones hallados en época reciente, recalcan la relevancia de este elemento en Chichén Itzá. Además, en el centro de la entrada, se encontró un nuevo Chac Mool en posición algo relajada, recostado hacia un flanco y con la cabeza echada hacia adelante, con restos de la pintura auténtica, antifaz negro, rayas, cuchillo en el brazalete y tocado con dos plumas, símbolos parecidos a los del Mixcóatl del altiplano. En el mismo sector de la Plaza de las Mil Columnas se afianzaron tres plataformas bajas y un sacbé pequeño que unía a dos de las edificaciones, poniendo de manifiesto que dicha plaza fue utilizada después de que su función inicial había quedado atrás.

El grupo del Osario se limpió por completo y se reparó, quedando en evidencia que la muralla que rodea su plaza principal es continua y conforma un rectángulo completo y se encontró otro sacbé, el número 15, que comunica a dicha plaza con el cenote Xtoloc. El Templo Xtoloc, un pequeño altar de mampostería y otro altar conformado por un afloramiento de piedras que se halla enmedio del sacbé, también fueron restaurados. En esa misma plaza se recuperaron: una plataforma de tumbas con un friso de serpientes como único adorno, sin escalera que lleve a su área superior; se trata de una edificación singular en Chichén Itzá, ya que no se ha podido localizar rastro del techo que acredite sus seis columnas; una plataforma con cuatro escalinatas que es casi una copia en pequeño de la Plataforma de Venus, situada en la Plaza del Castillo; una plataforma muy baja de forma redonda, y la edificación principal del Osario, todas formadas sobre un eje oeste-este que prosigue con el sacbé 15 y finaliza donde se encuentra el acceso al santuario del Templo de Xtoloc.

Se limpió y reexploró el tiro vertical revestido de piedras talladas que comunica al Templo del Osario con una caverna natural y se hallaron piezas semejantes a las que había reportado E.H. Thompson, quien lo excavó a fines del siglo XIX. En la fachada del templo se observaron cuatro tableros, cada uno con la representación de un hombre con los brazos extendidos, intercaladas con figuras del hombre-pájaro-serpiente y en cada esquina un mascarón sobrepuesto, mientras que en el interior del templo hay restos jeroglíficos diseminados, losas fragmentadas de lo que fue una mesa-altar con relieves y soportes a manera de atlantes, así como esculturas de hombres-aves.

El conjunto principal al oeste de la Plataforma de los Falos está compuesto por el Templo de los Búhos y el Templo de las Caritas, éste se desmanteló y se afianzó en su totalidad. En estos trabajos se encontró una banqueta pequeña a su alrededor y se observó que la moldura media está más trabajada de lo que parecía. En el Templo de los Búhos se completaron los relieves de la entrada que obstentan búhos con alas extendidas, esteras *poop* como símbolos de poder y árboles con frutos de cacao y flores, en sus esquinas exteriores se hallaron mascarones y, en los tableros, representaciones de personajes con grandes mascarones bucales, como picos de pájaro.

El Palacio de los Falos está compuesto por un núcleo largo con recintos abovedados en hilera, patios con corredores, cuartos, puertas y diversas conexiones entre ellos, así como una escalinata que da a un segundo piso, una muralla, templos, sacbeob, iconografía característica y altos atlantes en las salidas del lado sureste. Conjunto que debe haber servido como residencia para algún mandatario. La cantidad de símbolos fálicos es significativa, ya que este símbolo tiene un rol relevante en el glifo nominal de Chichén Itzá y, al levantar el escombro, se encontraron paneles de celosía relacionados con el elemento estera o *poop*. Se hallaron asimismo un buen número de modificaciones constructivas que indican que el conjunto fue rehusado en diferentes épocas, hasta que se abandonó durante el Posclásico Temprano.

Los editores

Impreso en:
Programas Educativos, S.A. de C.V.
Calz. Chabacano No. 65 Local A
Col. Asturias 06850 - México, D.F.
Julio 2008, Empresa Certificada por el
Instituto Mexicano de Normalización
y Certificación A.C., bajo la Norma
ISO-9002: 1994/NMX-CC-004: 1995
con el Núm. de Registro RSC-048,
y bajo la Norma ISO-14001: 1996/SAA-1998,
con el Núm. de Registro RSAA-003